災害連携のための
自治体「応援職員」派遣ハンドブック

東日本大震災の
データと事例から

編著

西出　順郎

（明治大学公共政策大学院教授）

公人の友社

はしがき

東日本大震災以降、大規模自然災害によって甚大な災害を被った自治体に対し、被災のなかった（もしくは少なかった）全国各地の自治体が自らの職員を一定期間派遣する、いわゆる自治体間の水平的支援が定着するようになった。このように被災自治体に派遣された自治体職員、すなわち「応援職員」は、土木や建築職はじめ一般の事務職まで、多岐にわたる現地業務の遂行が期待され、今でもその多くは複数年にわたり現地に滞在し、被災自治体を支援し続けている。

21 世紀に入り、我々の生活に深刻なダメージを与える「数百年に一度もしくは観測史上初めての出来事」が毎年のように降りかかってくる。どの自治体も、「応援職員」の派遣・受入れを想定業務の一つとして組織マネジメントの中に組み込んでおく必要が求められている。

しかしながら、いつどのような立場になるかは全くの未知数であり、日々の業務で忙殺される各自治体の現状において、職員派遣に係る訓練的な備えを常に意識し、維持するのはそう容易いことではない。また情報という面では、応援職員の全体規模や派遣方式などの制度面に関する論考はかなりに上るが、より現場に即した実践的なものは必ずしも多くない。

今年は発災からちょうど 10 年。本書はその節目を捉え、自治体職員にとっての東日本大震災を顧みながら、自治体職員の使命や役割の再認識に、また、全国の自治体職員が応援したりされたりする立場に置かれた場合、その業務の遂行に少しでも役に立てたらとの思いで上梓されたものである。また、本書には自治体内の「組織マネジメント」に着目しながら応援職員の具体像に迫ろうという意図もあり、そのタイトルには『災害連携のための自治体「応援職員」派遣ハンドブック』が付された。ゆえに制度上の解釈や技術上の助言（これらは職員の皆さんの方がよくご存じであろう）というよりも、応援職員の視点からその内実を「派遣前」「派遣中」「派遣後」といった三つ切り口でつまびらかにしてゆくことになる。また､執筆者グループ（特に研究者）の関心事もであった、派遣元自治体は「応援職員」の取り組みから積極的に何か得ようとしているのか、すなわち何らかの意図をもった（もしくは考慮を踏まえた）職員派遣についても所々で考えてゆきたい。

執筆陣は５人の研究者と３人の実務家で構成されている。研究者グループは既存の統計情報や派遣元自治体に実施したアンケート調査、個別の自治体訪問インタビューの結果をもとに応援職員の内実へとアプローチする。実務家グループは、自らの体験等を踏まえ、当時の応援職員にまつわる実際を、職員を派遣する（もしくは受け入れる）立場から虫瞰的に記述する。

本書の構成は以下のとおりである。第1章では、本書の問題提起として、応援職員に係る論点整理を行う。第2章では、総務省のデータに基づく応援職員の派遣動向を、第3章及び第4章では、応援職員の「派遣前・派遣中・派遣後」という組織マネジメント（特に人事管理）の視点から実施した全国調査及びインタビュー調査の結果を考察する。第5章では、派遣元及び派遣先自治体の事例を職員の目線から考察する。最後の第6章は、まとめとして全体を総括する。

なお、本書は JSPS 科研費「研究課題 / 領域番号 17K03545」の助成を受けており、そのおかげで円滑な調査研究を遂行することができた。また、総務省自治行政局公務員部からは貴重な統計情報を頂戴することができた。そしてご多忙の中、アンケート及びインタビュー調査に快く応じてくださった自治体の方々には大変お世話になりました。この場を借りてご協力して下さった皆様方に厚く御礼申し上げます。

2021 年 3 月 11 日
執筆者を代表して

西出　順郎

目　次

第1章　問題提起

1.1　遠隔自治体からの応援職員

1.1.1　なぜ応援職員の研究なのか

筆者たちはかつて東日本大震災後の自治体の活動に関する研究に従事していた[1]。被災自治体を数多く訪問してヒアリング調査を実施し、様々な話を伺った。その時、必ず出会ったのが遠方の自治体から被災自治体の業務を支援するため派遣されてきた職員、すなわち応援職員である。

2020年4月1日現在、岩手、宮城、福島の被災三県に派遣されている応援職員は合計837人に上る。当初は数週間から数か月程度の短期的な派遣が中心であったが、被災2年目以降は1年以上の中長期的な派遣へと切り替わっていった。人数的には2014年10月時点の2,253人がピークであり、そこから徐々に減少しているものの、まだまだ多くの応援職員が派遣されている[2]。

その役割は単なる手伝いではなく、地元職員と同じように重要な仕事を一人で任されていた。疲れ切った地元職員の代わりに主力として活躍することも多く、被災自治体にとって必要不可欠な存在になっていった。

1　研究の成果として、小原隆治・稲継裕昭 編著『大震災に学ぶ社会科学第2巻　震災後の自治体ガバナンス』（東洋経済新報社、2015年）、稲継裕昭 編著『東日本大震災大規模調査から読み解く災害対応—自治体の体制・職員の行動』（第一法規、2018年）。

2　応援職員の人数の詳細は第2章を参照のこと。

東日本大震災の場合、被災範囲が極めて広く、近隣自治体は軒並み大きなダメージを受けたため、遠方の自治体に応援を要請せざるを得なかった。しかし、当時、自治体の職員削減は、「乾いた雑巾を絞る」ような状態にまで進んでおり、震災の影響が小さかった遠方の自治体であっても応援職員を派遣する余裕はほとんどなかったはずである。

それにもかかわらず、なぜ遠くの自治体に、それも時には縁もゆかりもない自治体にまで応援職員を派遣したのか。そもそも派遣先はどのように決まったのか。応援職員はどのように選ばれたのか。帰任した応援職員の知見・経験はどのように活用されているのか。次々と浮かぶ疑問を解き明かすため、応援職員派遣の内実について把握しようと考えたのが本書の出発点である。

1.1.2　応援職員に関する先行研究と本書の射程

先行研究では、東日本大震災が日本の行政運営に与えたインパクトの一つは自治体間の水平的連携の実施であること（Samuels 2013）、応援職員の多数の派遣方法の中でも地方自治法に基づく職員派遣の方式が主であること（稲継 2015）など、「誰がどのような方法で派遣しているか」についての研究は行われてきた。しかし派遣実務等に関する包括的な研究は管見の限り見当たらず、「応援職員の規模・職種」、「派遣スキームの選択と派遣調整業務」、「応援職員の人選、派遣から帰任に至るまでの実務」、「帰任した応援職員の活用」などの実態については、一部の事例研究で言及されたものを除き、ほとんど明らかになっていなかった。また、「なぜ派遣するのか」については個別具体の自治体間の事例研究にとどまっていた。本書は、そのような応援職員派遣の実態を明らかにし、今後のありかたを考察しようとするものである。

次節以降においては、まず応援職員派遣の代表的事例の一つとされる名古屋市の事例等を用いて、応援職員派遣とはどういうものなのかを確認する。続いて派遣スキームの概要を説明した後に、派遣に係る各フェーズにおける問いを提示する。

1.2　応援職員派遣の全体像

1.2.1　名古屋市による「行政丸ごと支援」

東日本大震災発生直後、名古屋市は被災地に調査チームを派遣し、市街地が壊滅的な状況であること、100名を超える市職員が死亡・行方不明となり行政機能がマヒ状態であること、岩手県及び陸前高田市から強く支援の要請を受けたことなどから、陸前高田市に対する全面支援を決定した。それ以来、住民票の交付から、保健指導、罹災家屋の調査、震災復興計画の策定、区画整理、道路や学校施設の復旧、水道整備に至るまで、陸前高田市のニーズに合わせて業務に精通した職員を派遣し、同市の行政全般を名古屋市の持つ総合力によって丸ごと支援する取り組みを続けている（図表1-1参照）。このような同一自治体に対する幅広い支援は全国初の取り組みであり、2011年度は主に短期的な派遣として延べ144名の職員を、2012年度からは原則1年の長期派遣として2020年度までの9年間に106名の職員を派遣してきた[3]。

派遣された職員は、陸前高田市を支援するだけでなく、多くの経験や教訓を名古屋市にもたらした。例えば、「名古屋市震災対策基本方針」、「名古屋市震災対策実施計画」、「避難所運営マニュアル」、「災害ボランティアセンター設置・運営マニュアル」、「災害廃棄物処理計画」、「大規模災害時における保健師の活動マニュアル」、「上下水道局事業継続計画」などの策定・改正にその教訓が反映された。また、市民に応援職員の経験を知ってもらうため、各区において応援職員による講演会も実施されている。2020年9月には、応援職員の派遣について住民の意見を聴取するためネット・モニターアンケート調査も実施した[4]。

3　名古屋市リーフレット「応援します！！東北！陸前高田市！」、朝日新聞2012年1月18日夕刊（名古屋本社版）。

4　名古屋市ホームページ「令和２年度　第５回ネット・モニターアンケート（調査結果）」（https://www.city.nagoya.jp/sportsshimin/page/0000132967.html）（2020年11月10日閲覧）。

しかし、このような手厚い支援を行っている自治体は珍しい。特に、被災２年目以降は復興が本格化したため、用地買収、道路・水道工事、保健師など専門性が高く即戦力となる職員が必要とされたが、それに応えられるだけの人数の技術職・専門職を抱え、数多くの事業を展開してきた経験を有する名古屋市ならではの取り組みといえる。

なお、この例にも見られるように、被災自治体のニーズは発災直後の緊急かつ短期的な支援から、その翌年には専門的な知識・経験を持つ職員による長期的な支援に切り替わっていった。しかし、都道府県や政令指定都市のように職員数の多いところを除けば、本来、１年単位で職員を派遣できるほどの余裕がある自治体はさほど多くはない。加えて、土木・建築職などの技術職や保健師などの専門職に余裕のある自治体はかなり少なく、協力はしたいが現実には難しいとして派遣を見送るケースも少なからず発生していた[5]。

図表 1-1　名古屋市による「行政丸ごと支援」

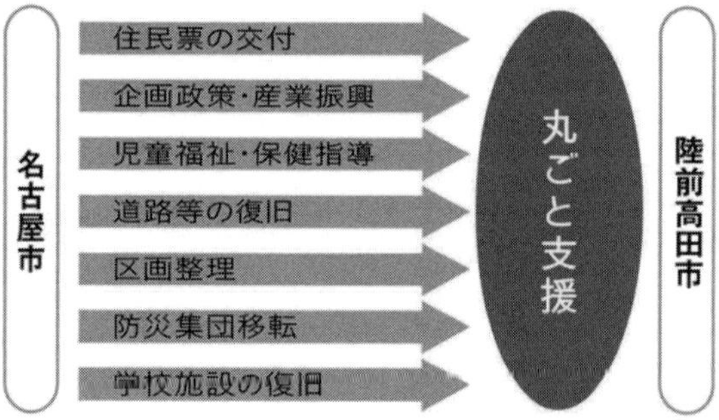

出所：名古屋市リーフレット「応援します！！東北！陸前高田市！」

1.2.2　その他多くの自治体の場合

名古屋市は独力で多くの応援職員を派遣しているが、これはどの自治体でもできることではない。むしろ他の自治体（特に市町村）は国や都道府県のサポー

5　朝日新聞 2012 年３月４日（北海道本社版）、産経新聞 2013 年３月２日（大阪版）。

トを受けて派遣先自治体を決定し、手探りの状態で最初の応援職員を派遣してきた。

例えば、詳細は第 4 章に委ねるが、同章で取り上げた中野区の派遣のきっかけは、区長をはじめ幹部職員の被災地訪問であった。その縁で派遣先を決め自主的に派遣を開始し、後に総務省・全国市長会・全国町村会スキーム（後述）に移行している。派遣職員の選定は、各職員の異動希望調書の記述に基づき人事担当課が行い、派遣先自治体に送り出す。派遣中は月 1 回の帰庁を求めるなど状況の把握に努めており、帰任後は被災地での経験を活かす職場に配置することもあるが、必ずしもそうなるとは限らない。被災地での知見・経験を区民向けに公表することも行われている。

1.2.3　応援職員派遣プロセスの各フェーズ

これまでの応援職員派遣の全体像を見てきたが、そこからもわかるように、応援職員派遣のプロセスはいくつかのフェーズに分けられる。

一つめは「派遣前」の段階である。ここには派遣スキーム及び派遣先の決定、派遣条件の調整、派遣職員の選定などが含まれる。二つめは「派遣中」の段階である。ここには従事業務の状況、応援職員のケアなどが含まれる。三つめは「派遣後」の段階である。ここには帰任後の配置、派遣中に得た知見・経験の共有などが含まれる。

以降はこのフェーズごとに詳細な問いを記していくこととするが、まずその前に、次節で制度的な説明をしておきたい。

1.3　応援職員の派遣スキームの概要

名古屋市や中野区は、震災後に自ら応援職員の派遣先を決定していた。しかし、このようなケースは少数派である。そもそも震災前は、災害時の自治体間支援は近隣自治体間で行うものと目されており、東日本大震災のような広域的な災害のケースは想定されていなかった。そのため、遠隔自治体間の災害時応援協定により派遣が行われたケースはごく限られていた。

では、遠隔自治体が応援職員を派遣しようとする際に、その派遣先はどのように決定されたのか。中野区の例に見られたように、総務省・全国市長会・全国町村会スキームなどの派遣調整スキームも活用されていた。そこで本節では、複数存在する派遣調整のスキームを概観し、その違いを理解する。

1.3.1　総務省・全国市長会・全国町村会スキーム

市町村職員の被災地派遣に係る全国的な調整の仕組みとして、総務省と全国市長会・全国町村会によるスキームがある。これは、被災県が各市町村の派遣要請をとりまとめて総務省に連絡し、総務省は全国市長会及び全国町村会を調整役として、派遣を申し出ている市町村とのマッチングを行うものである（図表 1-2 参照）。総務省としては、広がりつつあった 1 対 1 の個別支援の網から漏れている

図表 1-2　総務省と全国市長会・全国町村会による市町村職員の派遣スキーム

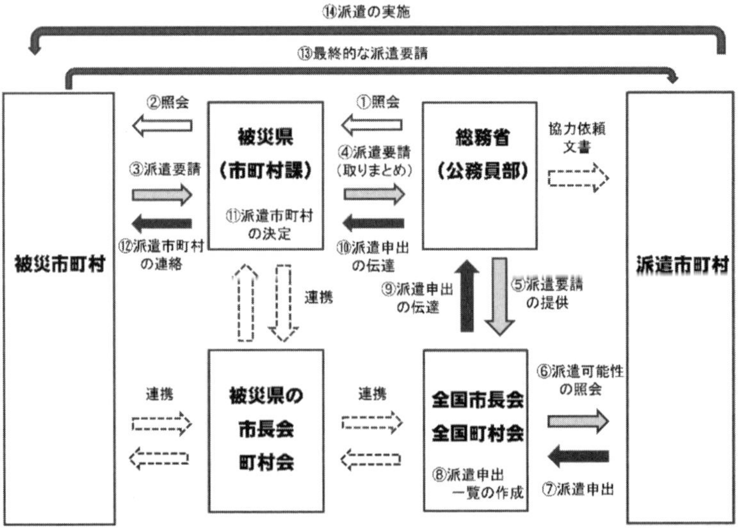

出所：総務省ホームページ（https://www.soumu.go.jp/main_content/000543384.pdf）（2020 年 10 月 12 日閲覧）。

自治体をこのスキームによって救済しようという意図があった（稲継 2015：181）。

総務省から照会を受けた被災県は、県内市町村に派遣要請を照会し、その回答を取りまとめて総務省に報告する。報告された派遣要請を総務省が全国市長会及び全国町村会に提供する。全国市長会及び全国町村会は全国の市町村に派遣可能性を照会し、それに応じて派遣を申し出た市町村の情報を総務省に伝達する。その派遣申出は総務省と被災県を通じて派遣を要請していた被災市町村に伝えられ、その後の細かな調整は被災市町村（派遣先市町村）と派遣市町村（派遣元市町村）の間で直接調整が行われ、最終的に派遣に至る。

1.3.2　全国知事会スキーム

都道府県職員の被災地派遣に係る全国的な調整の仕組みとして、全国知事会スキームがある（図表 1-3 参照）。全国知事会は発災翌日に「緊急広域災害対策本部」を設置し、広域応援活動を開始した。人的支援については、被災県からの職種別の支援要請に基づいて支援県に照会し、その回答に基づいてマッチング作業を行い、その結果をその都度被災県に紹介するという方法をとった。しかし、震災直後の混乱の中、被災地への職員派遣は様々なルートで開始され、

図表 1-3　全国知事会による都道府県職員の派遣スキーム

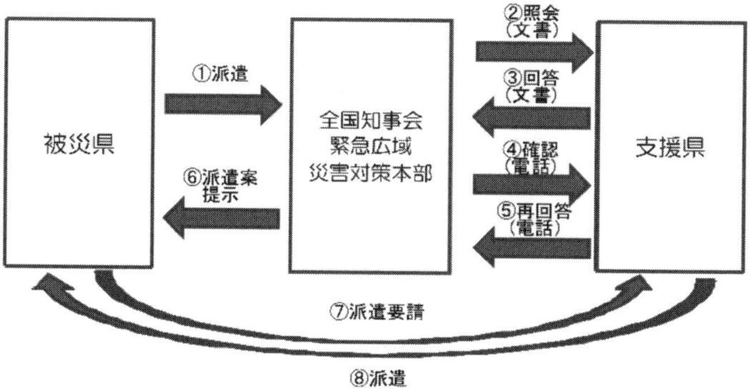

出所：全国知事会「東日本大震災における全国知事会の活動（平成 24 年 7 月）」、10 頁。

相互の調整がないまま進められたため、応援職員が複数のルートに登録されて混乱が生じていた。そこで、対策本部では「人的支援調整方針」を定め、これに沿って派遣の調整を行うこととした。その方針は、①派遣調整を行う人材は都道府県職員とする、②国が派遣調整を行っている職種については国の調整方針に従うが、国から知事会に側面支援を求めてきた場合にはこれに応じる、③国において派遣調整が行われていない分野については、被災県の知事会に対する要請内容を踏まえ積極的に調整し、職種により国との調整が必要なものについては別途国と調整する、などであった（全国知事会 2012：9-10）。その後、緊急広域災害対策本部は 5 月に「東日本大震災復興協力本部」に改組されたが、人的支援事業は継続して行われている。

1.3.3　関西広域連合による対口支援

2010 年に 7 府県により設立された関西広域連合は、発災 2 日後に緊急声明を発出し、カウンターパート方式での支援を開始した（図表 1-4 参照）。岩手県には大阪府と和歌山県、宮城県には兵庫県、鳥取県、徳島県、福島県には滋賀県と京都府のように、被災県ごとに支援を担当する府県を定め、構成府県で分担して被災地を支援するこの方式は、「対口（たいこう）支援」とも呼ばれる[6]。

発災直後は個々の自治体が独自に支援に動き出すことが多く、支援に漏れる自治体が生じるなど、支援が網羅的でなかった状況にあって、支援の相手方を明確に定めるこの方式は非常に有効であると評価された。その後、総務省が 2018 年から開始した「被災市区町村応援職員確保システム」においても都道府県又は指定都市を原則として 1 対 1 で被災市区町村に割り当て、対口支援団体を決定するスキームが採用されている[7]。

6　関西広域連合ホームページ（https://www.kouiki-kansai.jp/koikirengo/jisijimu/bosai/taio/213.html）（2020 年 10 月 12 日閲覧）。

7　総務省資料「被災市区町村応援職員確保システムについて」（https://www.soumu.go.jp/main_content/000578705.pdf）（2020 年 10 月 12 日閲覧）。なお、このシステムは短期派遣のためのシステムである。

図表 1-4　関西広域連合のカウンターパート方式

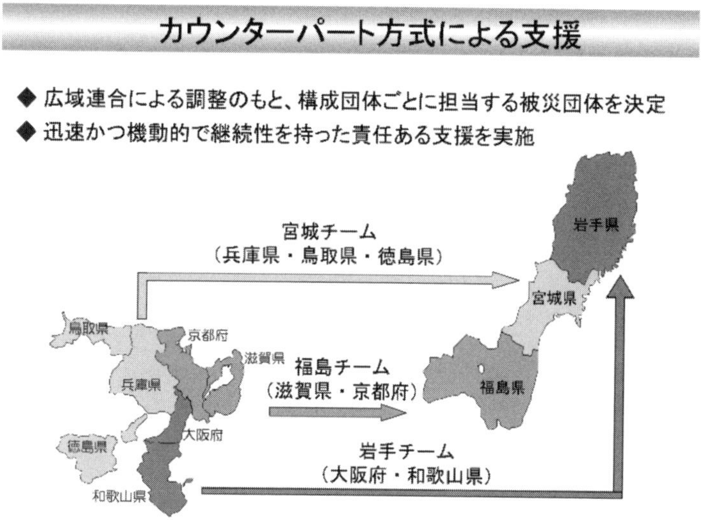

出所：関西広域連合資料「東日本大震災被災地支援の概要」（https://www.kouiki-kansai.jp/material/files/group/4/1392188647.pdf）（2021 年 1 月 10 日閲覧）。

1.3.4　国やその他の団体による仲介

このほか、国による仲介もあった。国土交通省、環境省、文化庁などが代表的である。また、（公社）日本水道協会、（公社）全国都市清掃会議など市町村を構成員とする諸団体による仲介も行われた。

例えば、国土交通省では、下水道に関する業務について、（公社）日本下水道協会などと連携して応援職員の派遣調整を行った。これにより、岩手県内の自治体へ 404 人、宮城県内の自治体（仙台市を除く）へ 3,028 人、仙台市へ 2,005 人、福島県内の自治体へ 312 人、その他青森、茨城、埼玉、千葉の各県も含め、

9　国土交通省資料「東日本大震災における広域支援状況」（https://www.mlit.go.jp/common/000171021.pdf）（2021 年 1 月 10 日閲覧）。

合計6,575人が派遣された（人数はいずれも延べ人数）[9]。

1.3.5　個別のつながりによるもの

遠隔自治体との震災前からのつながりによって応援職員の派遣が決定した例としては、①震災前に締結した災害時応援協定によるもの、②姉妹都市などの縁により震災後に締結した災害時応援協定によるもの、③震災前からの自治体間の交流実績によるもの、④震災前の交流はなかったが、震災後に現地調査・視察等を行ったことによるもの、などが挙げられる。

それぞれに該当する例としては、①について、仙台市が「20大都市災害時相互応援に関する協定」により支援を受けた例が挙げられる。このうち、横浜市は仙台市と同じく女性市長であり、かねてから両者に交流があったため、最も大きな支援を展開した。また、宮城県白石市は神奈川県海老名市から、福島県相馬市は千葉県流山市、東京都足立区、静岡県裾野市と震災前から締結していた災害時応援協定にもとづいて応援職員の派遣を受けた[10]。②については、同じく相馬市が二宮尊徳の思想に共鳴する自治体によって構成される全国報徳研究市町村協議会を通じて交流をしていた神奈川県小田原市と震災後に防災協定を締結し、応援職員の派遣を受けている。③については、宮城県山元町が姉妹都市である北海道伊達市から応援職員の派遣を受けた例[11]や、釜石市が製鉄つながりの交流が縁で北九州市から応援職員を受けた例[12]などが挙げられ、④については本章冒頭の陸前高田市と名古屋市の例が挙げられる。

以上のように派遣調整のスキームはいくつも存在するが、いずれもこのような中長期的な職員派遣については、基本的に地方自治法第252条の17に基づく派遣（いわゆる自治法派遣）として行われ、その経費については震災復興特

10　稲継（2015）、183頁。相馬市ホームページ（https://www.city.soma.fukushima.jp/shiseijoho/shichoshitsu/mail_magazine/mailmagazine_bucknumber/merumaga_2013/1869.html）（2010年10月12日閲覧）。

11　稲継（2015）、183頁。

12　朝日新聞2014年4月8日（岩手版）。

別交付税により全額措置されている。

なお、本章冒頭で見たとおり応援職員数は近年減少傾向にあるが、複数の派遣方式の存在により派遣人数の減少率が低減するという観察結果も見られる（西田 2017）。単純に考えれば一つのスキームにまとめた方が混乱しなくて良さそうな気もするが、そういった意味では複数のスキームが併存する効果も認められるのである。

1.4　本書における問い

1.4.1　派遣前の段階

このフェーズにおいて最初に想起する問いは、「そもそもなぜ遠くの自治体に応援職員を派遣しているのか」であろう。当時の新聞報道を概観すると、派遣理由の一つに知識・経験の獲得を挙げる自治体も存在する[13]。例えば神戸市は、当初は阪神・淡路大震災の経験者を派遣していたが、途中から阪神・淡路大震災の経験がない若手を派遣し、経験を積ませる方向にシフトしている[14]。

次に想起する問いは、「どのような経緯で応援職員を派遣するようになったのか」であろう。つまり、前節で説明した複数の派遣調整スキームのうち、「どのスキームにより派遣したのか」ということである。「派遣スキームによって派遣理由は異なるのか」、「派遣スキームによって実際の派遣のありよう（派遣期間や従事業務等など）は異なるのか」など、この問いから派生する問いも少なくない。

さらに、具体的な派遣調整・準備事務に着目すれば、「応援職員をどのようにして選定しているのか」、「どのような点に留意して実務を進めているのか」などの問いも想起されよう。

13　朝日新聞 2012 年 1 月 25 日（名古屋版）、毎日新聞 2018 年 1 月 18 日。
14　毎日新聞 2018 年 1 月 18 日。

1.4.2　派遣中の段階

このフェーズにおいては、「派遣先での業務は経験したことのあるものであったか」、「応援職員の管理はどうしているか」などの問いが想起される。

技術職・専門職の場合、派遣先でも自身の専門知識を活かせる業務に就くことがほとんどであるが、中には道路を専門とする職員が漁港の復旧を担当するなど、専門外の業務を担当することもある。事務職の場合はなおさらであり、未経験のまま土地勘もなく用地買収や区画整理事業を担当する者も存在する[15]。

また、職種にかかわらず、応援職員の多くは、膨大な量の復興業務、ゼロから築かねばならない人間関係、慣れない土地での生活などに苦しみながらも、被災地の人々に温かく迎えられて何とか過ごしている。しかし中には、見知らぬ土地で孤立感を深め、メンタルヘルスの問題を抱えるようになる者も少なくない[16]。派遣元自治体は応援職員を送り出せば終わりではない。各自治体が送り出した職員とどのように情報共有し、どのように見守っているのかも気になるところである。

1.4.3　派遣後の段階

このフェーズにおいては、「帰任後に応援職員の知見・経験を活かした人事配置をしているか」、「帰任後に応援職員の知見・経験を共有しているか」などの疑問が生じる。

派遣に際して、何らかの意図や考慮された何かがあったのであれば、帰任後の配置先もその意図を踏まえたものになるはずである。しかし、新聞報道によれば、帰任後、被災地で得た知見・経験を直接活かせる職場に戻った例は、一部の技術職・専門職を除き[17]、どの自治体でもさほど見られず、業務に直接活かすという

15　毎日新聞 2013 年 3 月 5 日、読売新聞 2013 年 10 月 11 日。
16　朝日新聞 2013 年 3 月 26 日。
17　朝日新聞 2012 年 8 月 14 日（神奈川版）。
18　朝日新聞 2016 年 1 月 11 日（西部本社版）、中日新聞 2019 年 4 月 13 日。

よりは、いずれ災害時に役に立つという程度の自治体が多いようである[18]。

人事ローテーションやポストの問題を考えると、単純に派遣先で従事した所属と同じような所属に配置できないこともあるだろう。技術職・専門職の場合はそもそも配置可能な所属が限られるため、派遣先で得た知識・経験を活かすというより、単純に配置可能な所属に戻っただけかもしれない。人事面で活用できないのであれば、何らかの方法で知見・経験を共有しているのか。そのあたりも含めて、応援職員の持ち帰った知見・経験の活用状況が気になるところである。

1.5　本書の主な論点

本章第1節第2項で提示したように、本書の目的は応援職員の規模・職種とその推移の状況、派遣スキームの選択と派遣調整業務、応援職員の人選や派遣から帰任に至るまでの実務、帰任した応援職員の活用の実態などを明らかにすることである。具体的には前節で示したような問いの答えを一つひとつ解き明かし、さらにそこから派遣スキームによって派遣期間や従事業務等に違いがあるのか、派遣元自治体では派遣により得られた知見・経験を活かそうという意図があるのか（さらに言えば、そこまで期待して派遣しているのか）などの問いについても考察を深めていく。

東日本大震災の被災地に派遣された経験のある者が熊本地震の被災地へ、熊本地震の経験者が九州豪雨など他の災害被災地へ、といった「被災地のリレー」が続いている[19]。このリレーは自治体全体が共有する知識・経験を維持する活動であり、その知識・経験は全自治体にとっての貴重な財産である。このリレーをつなぎ続けるためにも、本書が応援職員派遣の実態と課題を明らかにすることで、より良い応援職員の派遣体制や受援体制の整備につながることを期待したい。

19　朝日新聞2016年5月14日（宮城版）、毎日新聞2018年1月18日。

第２章　総務省データから見る応援職員の派遣動向

2.1　本章の目的と総務省データについて

アンケート調査の結果をもとにした第３章からの分析に先立ち、本章では総務省の調査によるデータ（以下、「総務省データ」という）をもとに応援職員の派遣動向の全体像を概観する。応援職員は、これまでにどの程度の規模で派遣されてきたのか。また、時間の経過にあわせて派遣状況はどのように変化してきたのか。さらには、どのような職種の職員がどのタイミングで派遣されてきたのか。以上のような問いに答えることが本章の目的である。

なお、ここでいう総務省データとは、総務省が全国の自治体に対して定期的に実施している被災自治体への職員派遣状況調査の結果をまとめたものを指す[20]。本章では、2011 年７月時点から 2020 年４月時点まで（計 18 時点）の

20　東日本大震災の被災自治体への派遣状況については、2011 年７月１日時点から、総務省のホームページ「総務省における東日本大震災による被災地方公共団体に対する人的支援の取組」（https://www.soumu.go.jp/menu_kyotsuu/important/70131.html）と「被災地方公共団体に対する人的支援の取組」（https://www.soumu.go.jp/main_sosiki/jichi_gyousei/koumuin_seido/hisai_chiho_kokyodantai.html）において公開されている（2020 年 10 月１日閲覧）。なお、総務省データは、2016 年度まで東日本大震災の被災自治体への派遣状況についてのみとりまとめられていたものの、2017 年４月１日時点のデータからは熊本地震（2016 年４月）による被災自治体への派遣状況、さらに、同年 10 月１日時点でのデータからは、九州北部豪雨（2017 年７月）等による被災自治体への派遣状況についてもそれぞれ集計され一緒に公表されている。ただし本書のテーマは東日本大震災の被災自治体への応援職員であるため、ここでは東日本大震災の被災自治体、特に岩手県・宮城県・福島県内の自治体への派遣状況についてのみ取り扱うことにする。

派遣状況に関する総務省データをもとに、応援職員の派遣元自治体を①都道府県レベル、②政令指定都市レベル、③それ以外の市区町村レベルの三つに大別したうえで、どのレベルの自治体が、どの程度の規模で、どのような職種の応援職員を派遣していたかを、記述統計で示すことにしたい。また、本書のテーマは遠隔自治体からの応援職員の派遣であるものの、本章では被災県から同県内市町村への派遣といった近隣自治体間での派遣のデータも含めて議論する。

総務省データにおける派遣職員とは、「調査対象団体に属する一般職の地方公務員（消防及び警察職員を除く。）であって、調査対象団体の命令によって公務として派遣された者（地方自治法第 252 条の 17 に基づく派遣）」[21] を意味している。また、この中には任期付職員や再任用職員も含まれる。加えて、以下で示す派遣者数はすべて、各時点での「現在派遣人数」（その時点で派遣中の人数）を指しており、延べ人数や累積人数ではない。そのため、仮に 1 人分の派遣枠が複数の職員のローテーションで用いられている場合も、「現在派遣人数」は 1 人としてカウントしている。以上のような総務省データに基づき、甚大被災地である岩手県・宮城県・福島県内の自治体（各県と県内市町村）への派遣者数を見ていくことにする。

2.2　派遣者数の推移

2011 年 7 月時点から 2020 年 4 月時点までの間に、岩手県・宮城県・福島県内の自治体へ派遣された職員数の全体推移を示したものが、**図表 2-1** である。まず、応急対策のフェーズに該当する 2011 年 7 月時点での派遣人数が 2,422 人と全期間の中で最も多いものの、その後、復旧・復興対策のフェーズへと切り替わる中で派遣者数が一時的に減少していることがわかる。しかし、年度が切り替わった 2012 年 4 月時点からは再び派遣者数が増加傾向に転じ、2013

21　「被災地方公共団体への地方公務員の中長期派遣状況（令和 2 年 4 月 1 日時点）」『総務省ホームページ』（https://www.soumu.go.jp/main_content/000714222.pdf）（2020 年 10 月 1 日閲覧）。

年度から 2016 年度までの 4 年間は継続的に 2,000 人以上が派遣されている。ただし、2014 年 10 月時点をピークに派遣人数は徐々に減少しており、2020 年 4 月時点の派遣人数は 837 人になっている。

また、各時点の派遣人数を、①都道府県レベル、②政令指定都市レベル、③それ以外の市区町村レベルに層別して見ると、都道府県からの派遣者数が、2011 年 7 月以外の他すべての時点において、派遣者数全体の約 5 割あるいはそれ以上を占めていることがわかり、職員派遣における都道府県の存在感をうかがい知ることができる。

そこで次に、総務省データとして自治体個別の派遣者数が公開されている 2011 年 7 月時点から 2018 年 4 月時点までの派遣状況の推移を、都道府県別に確認してみよう[22]。上記の期間、ほぼすべての都道府県が継続的に職員を派遣しているものの、各都道府県の派遣者数にはバラツキがある。そのためここ

図表 2-1　派遣者数の推移

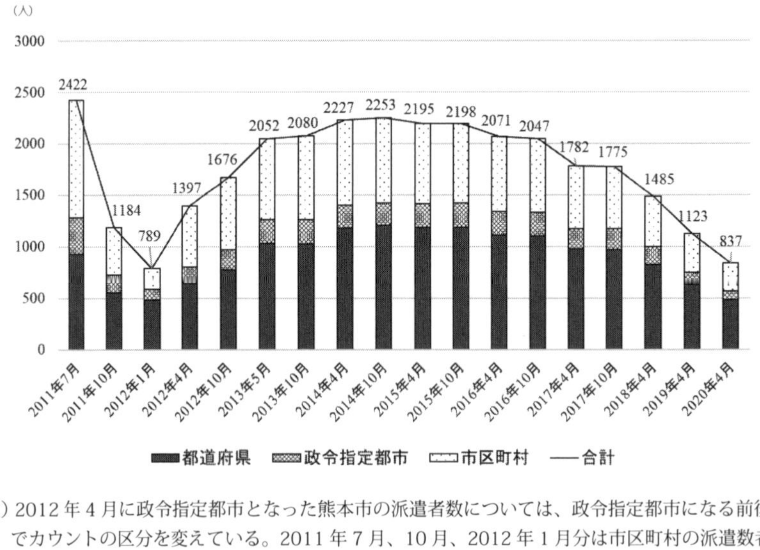

（注）2012 年 4 月に政令指定都市となった熊本市の派遣者数については、政令指定都市になる前後でカウントの区分を変えている。2011 年 7 月、10 月、2012 年 1 月分は市区町村の派遣数者としてカウントし、2012 年 4 月以降は政令指定都市の派遣者数としてカウントしている。

では、特に派遣者数の多い都道府県に焦点をあてて、それぞれの派遣状況の推移を見ていくことにしたい。

2011 年 7 月時点から 2018 年 4 月時点まで計 16 時点の派遣者数を合計し、その値が高い上位 10 都道府県の派遣状況をまとめたものが、**図表 2-2** である。

図表 2-2　都道府県別の派遣者数の推移（10 都道府県）

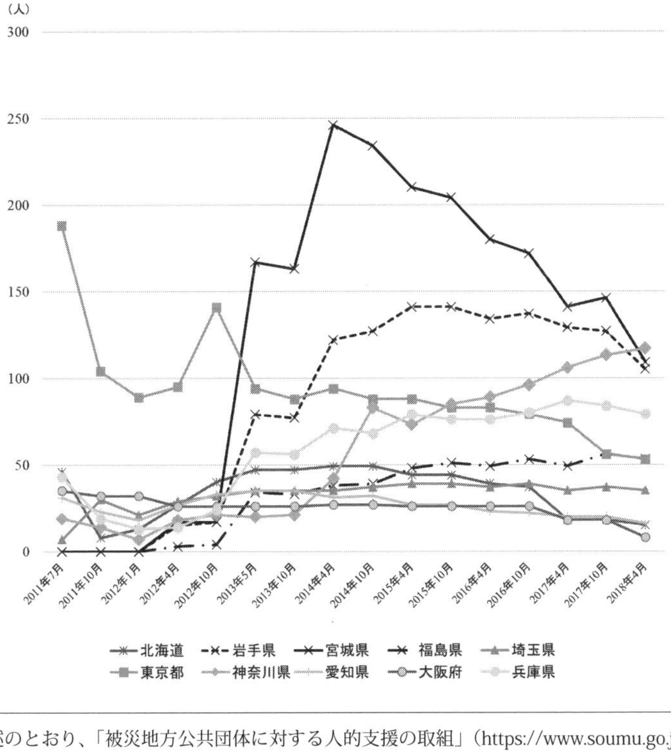

22　前述のとおり、「被災地方公共団体に対する人的支援の取組」（https://www.soumu.go.jp/main_sosiki/jichi_gyousei/koumuin_seido/hisai_chiho_kokyodantai.html）において、2011 年 7 月時点から 2020 年 4 月時点まで（計 18 時点）の派遣状況に関するデータが公開されているものの、本章執筆時点において、個々の都道府県、政令指定都市から東日本大震災被災自治体への派遣状況がわかるデータは 2018 年 4 月時点までのものしか公開されていない。例えば、2020 年 4 月 1 日時点データの場合、各都道府県、政令指定都市の個別派遣状況は、東日本大震災以外の災害による被災自治体への派遣者数も合算された数字で公開されており、東日本大震災の被災自治体への派遣に限定した個別派遣状況の数字は公開されていない。

また、その10都道府県を派遣者数の多い順に並べると次のようになる（( ) 内の数字は計16時点の派遣者数の平均値を示している)。宮城県(125.4人)、東京都(93.6人)、岩手県（84.4人)、兵庫県（57.9人)、神奈川県（57.8人)、北海道（33.8人)、埼玉県（32.6人)、福島県（31.9人)、愛知県（26.3人)、大阪府（25.3人)。47都道府県の平均値が20.2人であるため、上記の都道府県はいずれも全体平均以上の職員数を派遣していることになる。被災三県を除けば、いずれも人口規模の大きい都道府県がより多くの職員を派遣していることがわかるだろう。

図表2-2を見ると、派遣のありかたについても、10都道府県の間で相当のバリエーションがあることがわかる。まず、近隣自治体間での派遣状況であるが、自身も被災自治体である岩手県、宮城県、福島県からの2011年度派遣者数はゼロだった。しかし、3県とも2012年度から県内の市町村に対する派遣を開始し、2013年度以降、本格的に大規模な人数を派遣している。特に宮城県は最大時（2014年4月時点）で246人を派遣しており、この数字は47都道府県の中でも最大規模にあたる。

次に遠隔自治体からの派遣状況として、東京都は2011年7月時点で200人弱の職員を派遣しており、その後も継続的に多くの職員を派遣している。同様に、阪神・淡路大震災を経験した兵庫県も、2013年度以降、50人以上の派遣を安定的に継続させている。また、神奈川県は2014年度から派遣者数を大幅に増加させ、2018年4月時点でも派遣者数の増員を唯一継続させている。このような神奈川県の派遣者数の増加傾向は、被災地に派遣することを前提にした任期付職員、特に土木、機械、電気、建築、保健・福祉などの専門分野で即戦力となる人材を同県が2013年度末から募集し[23]、2014年度からそれら職員の派遣を開始したことに起因していると考えられる。

政令指定都市についても同様に計16時点の派遣者数を合計して平均値を算出し、その値が高い上位10市の派遣状況の推移を**図表2-3**にまとめた。10

23 『朝日新聞』2014年5月27日朝刊（神奈川版)。

市を派遣者数の多い順に並べると、横浜市（21.8人）、大阪市（17.6人）、名古屋市（16.8人）、京都市（14.3人）、仙台市（13.9人）、神戸市（13.6人）、堺市（11.4人）、北九州市（10.4人）、広島市（9.9人）、相模原市（9.8.人）となる。都道府県と同じく政令指定都市の場合も、ほぼすべての市が2011年7月時点から2018年4月時点まで継続的に派遣を行っており、全政令指定都市の平均値は10.8人である。

個々の市別に派遣の傾向を見ると、まず近隣自治体間での派遣状況として、仙台市は自身も被災自治体でありながら、発災直後の2011年7月時に14人の職員を同じ宮城県内の他市町へ派遣している。ただし、同年10月時点から

図表2-3　政令指定都市別の派遣者数の推移（10市）

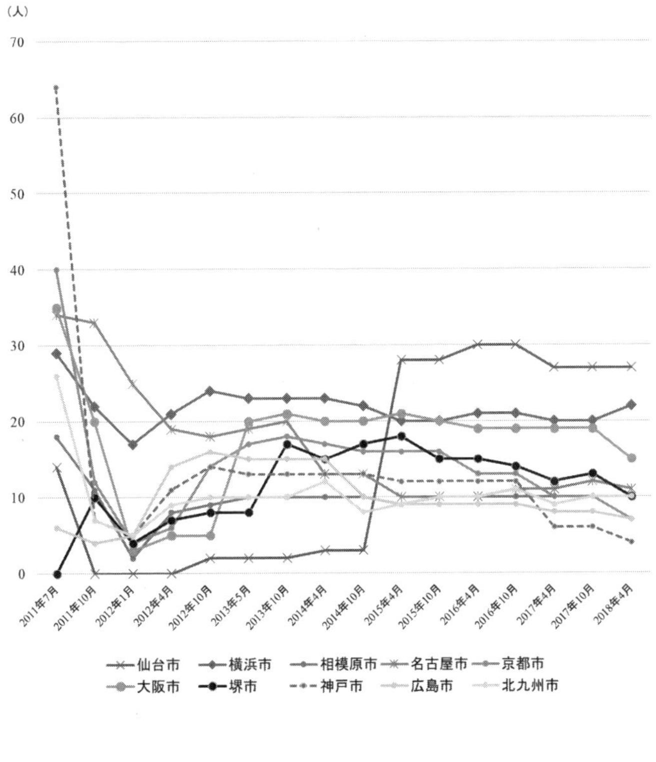

2012 年 4 月時点まで他市町への派遣を停止させ、しばらくの間、派遣者数を少人数にとどめていた。その後、2015 年度からは派遣者数を大幅に増加させ、20 人以上の職員を宮城県内の他市町村へ継続的に派遣している。

次に遠隔自治体からの派遣状況として、阪神・淡路大震災を経験した神戸市は 2011 年 7 月時点で 64 人という最大規模の職員を派遣している。また、政令指定都市の中でも派遣者数の多い横浜市と大阪市はいずれも、ある時期から特定の市町に対して継続的に一定数の職員を派遣しているという特徴をもつ。横浜市は、2012 年 1 月に宮城県山元町を長期的に支援するための復興支援チームを立ち上げ[24]、2012 年度から継続的に同町へ職員を派遣している。また、大阪市も土地区画整理事業や市街地再開発事業の支援実施のために、2013 年度以降毎年十数名の職員を宮城県石巻市へ継続的に派遣している[25]。

以上のように、どのタイミングで、どの程度の規模の職員を派遣するかについては、政令指定都市の間にも違いがあることがわかる。特に、一定数の職員派遣を継続している政令指定都市の中でも、仙台市、横浜市、大阪市による積極的な派遣状況は特徴的である。

それでは、各自治体からの応援職員は、いずれの自治体へ派遣されたのだろうか。ここでは、派遣先を地域レベルで確認することにしたい。このような意図で、2011 年 7 月時点から 2020 年 4 月時点までの派遣先を、岩手・宮城・福島県内の自治体（県と市町村いずれも含む）に分けて示したものが、**図表 2-4** である。この図表からわかるとおり、どの時点においても、宮城県内への派遣が最も多く、ほとんどの時点で他県内と比較しおおよそ倍の人数が派遣されている。また、2011 年 10 月時点と 2012 年 1 月時点を除けば、岩手県内への派遣者数の方が福島県内よりも多い状況となっている。

なお、各被災地域への派遣状況は、震災による人的被害や建物被害等の状況

24　『朝日新聞』2012 年 1 月 20 日朝刊（神奈川版）。

25　「危機管理室報道発表資料（2017 年 7 月 14 日）」『大阪市ホームページ』（https://www.city.osaka.lg.jp/hodoshiryo/kikikanrishitsu/0000406246.html）（2020 年 10 月 1 日閲覧）。

図表 2-4　岩手・宮城・福島県内自治体への派遣者数の推移

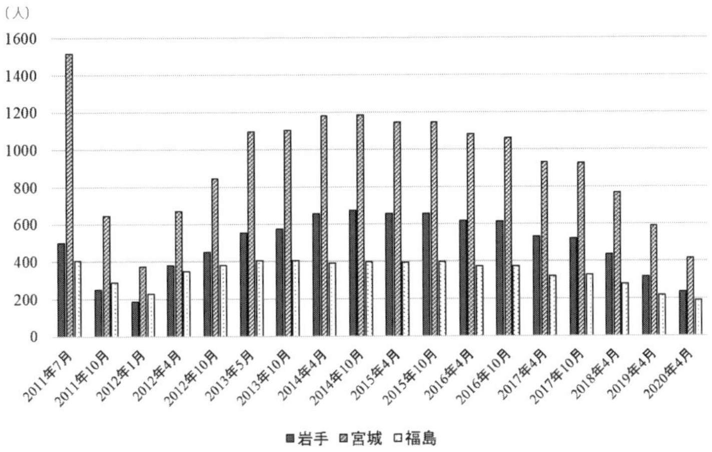

に関係していると考えられる。人的被害や建物被害の点では、宮城県の被災状況が被災地域の中で最も甚大であり、次いで岩手県、福島県の順に被害が大きい[26]。

2.3　職種別で見た派遣動向

本節では、職種別の派遣動向について確認をしておきたい。前述のとおり2011 年度は応急対応のフェーズに該当し、復旧・復興対策のフェーズとなる2012 年度以降とは様相が異なる。そのため、2011 年度の総務省データも、職種別ではなく応急対策に関する職務内容別に派遣者数がまとめられている。そのデータをもとに、2011 年度の 3 時点における職務内容ごとの派遣者数の

26　2020 年 12 月 10 日現在、東日本大震災による宮城県での死者数は 9,543 人、建物の全壊戸数は 83,005 戸。岩手県での死者数は 4,675 人、建物の全壊戸数は 19,508 戸。福島県での死者数は 1,614 人、建物の全壊戸数は 15,435 戸となっている（「平成 23（2011）年東北地方太平洋沖地震の警察活動と被害状況」（令和 2 年 12 月 10 日）『警察庁ホームページ』（https://www.npa.go.jp/news/other/earthquake2011/pdf/higaijokyo.pdf）（2020 年 12 月 20 日閲覧））。

図表 2-5　2011 年度における職務内容別の派遣者数の推移

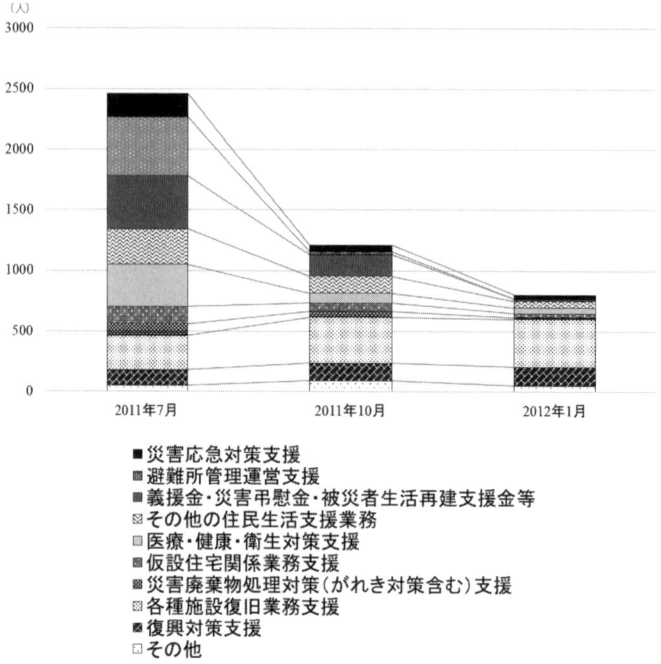

推移を整理したものが、**図表 2-5** である。

このグラフから、2011 年 7 月時点では、避難所管理運営支援や、義援金・災害弔慰金・被災者生活再建支援金等の業務、医療・健康・衛生対策支援に多くの応援職員が動員されていたのに対して、同年 10 月時点では、それらの職務に従事するための派遣者数が大幅に減少していることがわかる。対して、各種施設復旧業務支援に従事するための派遣者数は、2011 年 7 月時点から同年 10 月時点にかけて増加しており、2012 年 1 月時点でも同数程度の職員が派遣されている。また、復興対策支援に従事するための派遣職員数も、2011 年 7 月時点に比べて、同年 10 月、2012 年 1 月で微増している。

つまり、被災から約半年を経過した時点で、被災地自治体の中心的業務は、応急対策業務から徐々に復旧・復興対策につながる業務へと移行し、それに合わせる形で派遣職員のタイプも変化していたことになる。具体的には、一般事務職から土木職や建築職などの技術系職員への変化である。被災地では時間の経過とともに専門的な能力を持った人材を求める傾向があると指摘されているが（中邨 2012）、このような需要が被災から半年経った時点で既に存在していたことがわかる。

次に、2012 年度以降の復旧・復興対策のフェーズにおける派遣動向を職種別に確認してみよう。ここでは、経年比較が可能となっている 2013 年 5 月時点から 2018 年 4 月時点までの計 11 時点の総務省データを、**図表 2-6** にまとめた。このグラフをもとに、どのような職種の応援職員がどの程度の規模で派遣されていたのか、全体像を見ることにしたい。

まず、**図表 2-6** のとおり、全体のうち土木職や建築職などの技術系職員が占める割合はやはり大きい。特に土木職の割合は、すべての時点において非常に大きく、最大時（2015 年 5 月時点）には 800 名程度の職員が派遣されてい

図表 2-6　職種別の派遣者数の推移

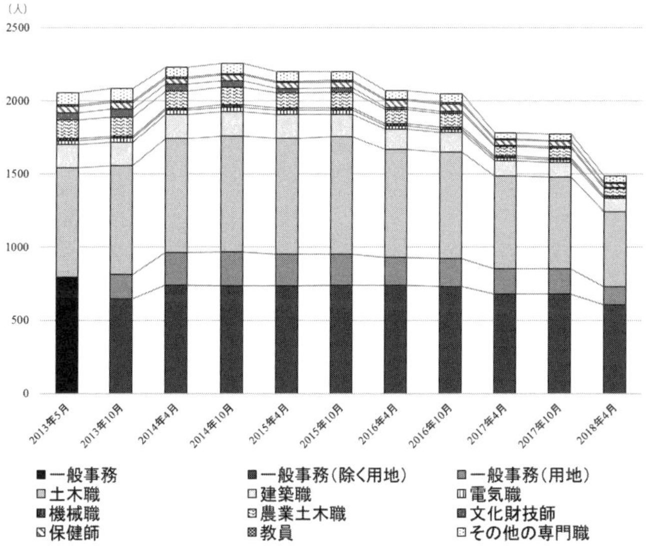

る。これらの職員の大半は、「まちづくり」関係の公共事業や、将来的な津波に備えた防潮堤整備事業などへの従事を目的として派遣された土木職である。また、全体割合としては土木職より小さいものの、建築職についても継続的に100名以上の派遣がなされていたことがわかる。

しかしながら、**図表2-6**からわかる重要な点は、復興・復旧対策のフェーズであっても一般事務職の派遣者の割合が、技術系職員に劣らないほど全体のかなりの程度を占めていることだろう。2013年から被災地での大規模な「まちづくり」が本格的に始動した関係で、登記等の用地業務に関する専門的知識や用地交渉のノウハウをもった一般事務職の需要が大幅に増えたという（Kawai 2021）。実際、総務省データでも、2013年5月時点では「一般事務」というカテゴリーのみ設定されていたものが、2013年10月時点以降は、「一般事務（除く用地）」と「一般事務（用地）」というカテゴリーに再分類されている。

すなわち、ここまでに確認してきた2011年度のフェーズと2012年度以降のフェーズにおける職種別派遣傾向をまとめると、東日本大震災の被災自治体が求めた人材のタイプには大きく分けて三つのタイプがあり、各タイプの需要が時間の経過とともにそれぞれ生じたと理解できる。第一に、応急対応の初期フェーズでは避難所管理運営等を支援するための一般の事務職員が求められた。第二に、発災から半年後には土木職や建築職などの技術系職員の需要が生じている。そして、発災から2年が経過した2013年からは、技術系職員に加えて、用地業務に従事するための一般事務職も多く求められたのである。東日本大震災の応援職員の職種別派遣傾向には「三つの波」があったといえるだろう（Kawai 2021）。

それでは、派遣元自治体を、都道府県レベルと市区町村レベル（政令指定都市も含む）の二つに大別してみた場合、双方が派遣する職員の職種に違いを確認することはできるだろうか。このような関心に基づき、技術系職員にしぼって双方の職種別派遣者数の推移をまとめたものが、**図表2-7**と**図表2-8**である。二つのグラフを比較することで、次のような二点の特徴を把握することができる。

図表 2-7　技術系職種別の派遣者数の推移（都道府県）

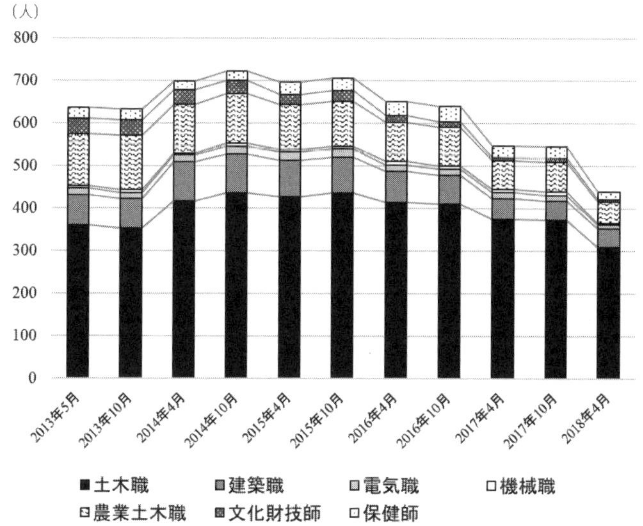

まず第一点目として、技術系職員の中でも土木職や建築職をより多く派遣している傾向は、都道府県と市区町村の間でも共通していることがわかる。しかしながら、第二点目として、農業土木職の派遣状況に関しては、都道府県と市区町村との間に大きな差が存在する。都道府県では建築職よりも多い割合で農業土木職が派遣されているのに対し、市区町村による農業土木職の派遣者数はいずれの時点でも 10 人未満と非常に少ない。

なお、農業土木職とは、農地や農道、農業用用排水路の整備、集落排水などの農村生活環境の整備、ため池整備をはじめとした農村地域の防災・減災対策などの農業農村整備等の事業に従事する土木職のことである。

東日本大震災は、東北地方の沿岸部の農山漁村を襲った非都市型の災害であったため、流失・冠水等により被害を受けた耕地面積は、東北三県だけで京都府の総耕地面積にほぼ等しい状況だったことが指摘されている（竹内 2018）。このような災害の特徴から農業土木職に対する被災自治体の需要は小さくなかったものの、農業土木職の派遣に関しては、市区町村を含めたすべての自治体というより、都道府県が中心的役割を果たしていたといえるだろう。このような派遣傾向は、そもそも農業土木職の多くが主に都道府県で採用されていることに起因していると考えられる。

図表 2-8　技術系職種別の派遣者数の推移（市区町村［政令指定都市含む］）

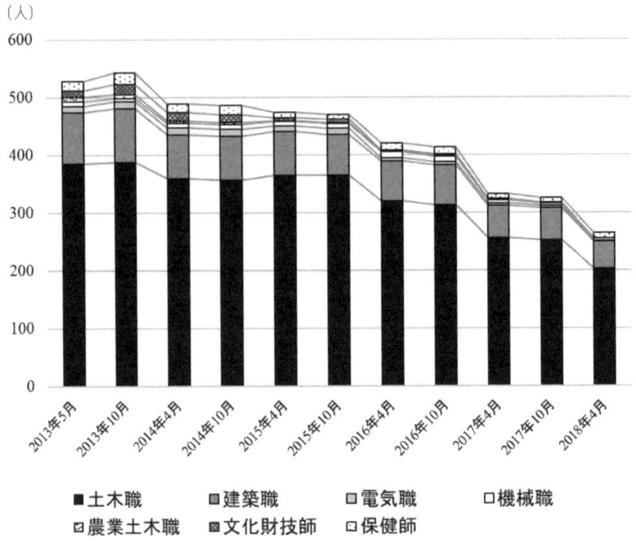

2.4　小括

本章では総務省データをもとに、応援職員がこれまでどの程度の規模で派遣されてきたのか、時間の経過にあわせて派遣状況はどのように変化してきたのか、どのような職種の職員がどのタイミングで派遣されてきたのか、といった問いに答えるべく、応援職員の派遣状況の概要を確認してきた。改めて、その要点を整理すれば、次のようになるだろう。

まず、被災自治体への応援職員は、必ずしも市区町村からの派遣者が大部分を占めているわけではなく、都道府県からもほぼ常に全体の５割程度を占める応援職員が派遣されていることがわかった。ただし、時期ごとの派遣者数の違いといった派遣傾向については、都道府県の場合であっても政令指定都市の場合であっても、自治体ごとにかなりのバラツキがある。また、東日本大震災の応援職員の全体的な職種別派遣傾向には、①応急対応の初期フェーズでの一般事務職の派遣、②発災半年後からの土木職や建築職といった技術系職員の派遣、③発災から２年経過した後の用地業務に従事する一般事務職の派遣という「三つの波」があったといえる。

以上の知見を前提として、次の第３章で説明するアンケート結果の分析から、派遣元自治体が人事管理の観点で応援職員の派遣をどのように捉えていたのかを検討してみよう。

第３章　アンケート結果から見る応援職員の傾向

第３章では、被災自治体に応援職員を送り出した派遣元自治体へのアンケート調査結果に基づいて、応援職員派遣の実態を明らかにする。第１節で調査の設計や回答自治体の属性を紹介したのち、第２節では「応援職員の人数・職位・派遣数の増減の理由」などの全体的な動向を整理する。第３節から第５節は、応援職員派遣の実態について、派遣のきっかけなどの「派遣前の傾向」（第３節）、派遣先での業務や管理などの「派遣中の傾向」（第４節）、そして応援職員が派遣元自治体に帰任してからの「派遣後の傾向」（第５節）に分け入って詳細を明らかにする。最後の第６節では、全国の自治体はそもそもなぜ被災地に職員を派遣してきたのかを知るために、派遣に対する考え方を明らかにする。

3.1　調査の設計と概要

3.1.1　調査の設計

本アンケート調査は、被災自治体に応援職員を送り出した派遣元自治体における派遣制度の運用について、主に人事管理の観点から明らかにすることを目的に、震災後８年が経過した2019年４月から５月にかけて実施した。丁寧にお答えいただいた派遣元自治体の皆様のお力添えにより実現したものである。本節では、調査の設計と概要について簡潔に述べる。

調査名は「東日本大震災による被災自治体への応援職員の派遣に関する調

査」であり、「個別（派遣先自治体別）シート」（以下、「個別シート」という）と「共通シート」を用意した。派遣元自治体による応援職員の派遣先は、一つの被災自治体に限らず、複数の場合もあるため、派遣先自治体別に回答を依頼した項目と、派遣先によらず共通して回答可能な項目を別々のシートに分けた。調査は、これらのシートと調査票記入ガイドを同封し、郵送調査法により実施した。希望する自治体にはメール添付による回答手段を用意した。

調査対象は、2012 年度から 2018 年度の間に同一職員の派遣を 1 年間継続したことのあるすべての市区町村 601 団体であり、各自治体の人事給与担当課長に回答を依頼した。601 団体の内訳は、市区 466 団体、町村 135 団体である。該当する市区町村の抽出にあたっては、総務省公務員部のご協力のもと、同部が毎年度実施している「東日本大震災に係る被災自治体への派遣状況」の調査結果を活用させていただいた。なお、人事管理の観点から、どのような対応なされたかについて派遣制度の運用実態を調べることを主なねらいに設定したため、本調査の対象は地方自治法に基づく中長期派遣に限定し、短期派遣が多数を占めた 2011 年度は調査対象から除外している。

調査期間は2019年4月26日から5月31日であり、有効回収率は48.1%（「共通シート」有効回収数 289 票）であった。なお、派遣先ごとの回答を依頼した「個別シート」の有効回収数は 507 票であった。

3.1.2　調査の概要

調査項目と調査結果の度数分布は巻末の「付録」（単純集計票）に掲載した。ここでは主な調査内容とアンケートへの回答自治体の基本属性を述べる。調査内容の構成は、派遣前、派遣中、派遣後のそれぞれの時点における対応や考え方等を尋ねる内容であり、回答方式は選択肢式が多くを占めるが、一部で直接記入や自由記述による回答を求めた。「共通シート」は 7 問、全 2 頁、「個別シート」は 10 問、全 6 頁で構成した。質問項目の概要や各質問の回答方式は**図表 3-1-1** のとおりである。

図表 3-1-1　共通シート及び個別シートの質問の概要と回答方式

問番号	質問の概要	回答方式
【共通シート】		
F1	全国地方団体コード、市区町村名	記述回答
F2	担当課名等連絡先	記述回答
問1	明文化した方針の有無：一人の職員を派遣する期間	単一回答
問2	明文化した方針の有無：単年度間に派遣する職員数の上限	単一回答
問3	帰任した職員の経験・知見の共有相手と共有の方法	複数回答
問4	派遣経験の応用：東日本大震災後の災害への同一職員の派遣の有無	単一回答
問5	派遣経験の応用：災害マネジメント総括支援員への登録の有無	単一回答
問6	派遣に関する考え方：13項目	各単一回答
問7	回答全般に関する補足コメント等	記述回答
【個別（派遣先別）シート】		
問番号	質問の概要	回答方式
F1	全国地方団体コード、市区町村名	記述回答
F2	派遣先被災自治体名	記述回答
F3	派遣開始年度	単一回答
F4	派遣終了年度	単一回答
問1	派遣を決めた最初のきっかけ	複数回答
問2	派遣実績：延べ人数、実人数、最も上位の職層者、職種別・雇用形態の派遣人数	記述回答
問3	派遣者数の推移とその理由	単一回答・複数回答
問4	派遣最終年度の派遣方式、総務省ルートの派遣の進め方の運用、派遣の進めやすさ	複数回答・単一回答
問5	派遣最終年度における派遣する職員の選定方法	複数回答
問6	派遣最終年度における派遣先での配属：一般事務系職員、技術系職員	複数回答
問7	派遣最終年度における派遣先での配属に関する貴自治体の方針	単一回答
問8	派遣最終年度における職員の業務内容、生活状況への対応	複数回答
問9	派遣にあたっての人事担当部門の苦労	複数回答
問10	帰任後の職員の人事配置と業務	複数回答

図表 3-1-2 にアンケート回答自治体の基本属性の統計量を示した。人口２千人の村から 200 万人弱の政令指定都市まで様々な人口規模の自治体が応援職員を派遣している。財政力指数も 0.1 から 1.4 まで幅広い。一つの派遣元自治体が 2012 年度から 2018 年度までの７年間で派遣した職員の合計は最大で延べ 158 人、平均 11.6 人であるが、最頻値は延べ２人で、延べ 10 人までの派遣元自治体が全体の７割を占める。一つの派遣元自治体が職員を派遣した先、つまり派遣先自治体数は最も多いところで 10 自治体、平均で 1.7 自治体、最

頻値は 1 自治体であった。派遣先自治体数が 1 の派遣元自治体は全体の 6 割を占める。各派遣元自治体から被災自治体への派遣継続年数は最長で 2011 年度から 2019 年度までの 9 年間であり、平均で 5.3 年、最頻値は 8 年である。派遣継続年数が 5 年以上の派遣元自治体は 6 割を占める。

派遣元自治体の人口規模を「5 万人未満」、「5 万人以上 20 万人未満」、「20 万人以上」の三つに分類したうえで、派遣動向との関連をみたものが、**図表 3-1-3、3-1-4、3-1-5** の三つのクロス表である。派遣元の人口規模が大きいほど、派遣した職員数と派遣先自治体数が多い傾向がみられるとともに、派遣期間が長い傾向がみられる。

図表 3-1-2　回答自治体の基本属性

基本属性	最小値	最大値	平均値	最頻値
人口（2015年） （n =289）	2,148	1,952,356	151,267.5	-
職員数（一般行政）（2015年） （n =289）	34	7278	753.4	-
人口1000人あたりの職員数 （n =289）	3.2	32.8	6.4	4.5
財政力指数（2015年） （n =289）	0.1	1.4	0.6	0.3
延べ派遣人数 （n =270）	1	158	11.6	2
派遣先自治体数 （n =289）	1	10	1.7	1
派遣継続年数 （n =288）	1	9	5.3	8

（注 1）人口は国勢調査、職員数は地方公共団体定員管理調査、財政力指数は地方公共団体の主要財政指標一覧に基づく。
（注 2）延べ派遣人数は個別シート問 2(1) の派遣元自治体合計数、派遣先自治体数は派遣元自治体ごとの個別シート数、派遣継続年数は個別シート F3、F4 から最長期間を算出した。

図表 3-1-3　派遣元自治体の人口規模と 7 年間の延べ応援職員数とのクロス表

	5人未満	5人以上 10人未満	10人以上	無回答	合計 %	 (n)
5万人未満	50.9	28.2	10.0	10.9	100.0	(110)
5万人以上20万人未満	28.2	38.5	28.2	5.1	100.0	(117)
20万人以上	8.1	19.4	71.0	1.6	100.0	(62)
合計	32.5	30.4	30.4	6.6	100.0	(289)

図表 3-1-4　派遣元自治体の人口規模と派遣先自治体数とのクロス表

	1自治体	2自治体	3自治体 以上	合計 %	 (n)
5万人未満	80.0	12.7	7.3	100.0	(110)
5万人以上20万人未満	55.6	33.3	11.1	100.0	(117)
20万人以上	32.3	25.8	41.9	100.0	(62)
合計	59.9	23.9	16.3	100.0	(289)

図表 3-1-5　派遣元自治体の人口規模と派遣最長期間とのクロス表

	1年-3年	4年-6年	7-9年	無回答	合計 %	 (n)
5万人未満	46.4	27.3	25.5	0.9	100.0	(110)
5万人以上20万人未満	31.6	31.6	36.8	0.0	100.0	(117)
20万人以上	4.8	29.0	66.1	0.0	100.0	(62)
合計	31.5	29.4	38.8	0.3	100.0	(289)

3.2　派遣者の人数と職位

それでは、まず「個別シート」の回答結果をもとに、本アンケート調査の回答自治体が、2012 年度から 2018 年度までの間、どのように応援職員を派遣していたのかについて確認する。応援職員の派遣動向については、既に第 2 章において総務省データをもとに全体を概観した。そこで本節では、第 2 章で扱わなかった、各派遣事例における派遣職者数とその主な職層、派遣開始時からアンケート調査時点に至るまでの派遣者数の増減傾向に対する認識、さらにはその増減理由について確認し、検討を加えることにしたい。

3.2.1　派遣の延べ人数と実人数

本アンケート調査では、個別シート問 2（1）として、派遣事例別（派遣先自治体別）に 2012 度から 2018 年度にかけての被災自治体への派遣職員の延べ人数と、そのうちの実人数を尋ねた。その結果を示したものが、**図表 3-2-1** である。

第 1 節の**図表 3-1-2** でも示したとおり、延べ人数の最大値（最大人数）は 158 人、最小値（最小人数）は 1 人である。ただし、**図表 3-1-2** では、派遣職員の延べ人数合計を派遣元である自治体数で割り平均値を算出しているのに対して、本節の**図表 3-2-1** では、延べ人数合計を派遣事例数で割って平均値を算出したところ、派遣事例単位の延べ人数の平均値（平均人数）は 6.9 人となった[27]。一方、実数の最大値（最大人数）は 135 人、最小値（最小人数）は 1 人、実数合計を派遣事例数で割った平均値（平均人数）は 5.3 人となった。なお、各最大値に該当する延べ人数 158 人、実人数 135 人の派遣事例は、いずれも江戸川区から宮城県気仙沼市への派遣である。

図表 3-2-1　被災地に派遣した職員の延べ人数と実数

	最大値	最小値	平均値
延べ人数（n =465）	158	1	6.9
実人数（n =455）	135	1	5.3

（注 1）延べ人数について回答のあった派遣事例 465 のうち、10 事例については実人数についての回答が記入されていなかったため、双方の観察事例数（n）には差がある。
（注 2）平均値は、延べ人数と実人数の各合計を派遣元自治体数ではなく派遣の事例数で割ったものである。

27　本調査における派遣事例数とは、派遣元自治体と派遣先自治体の組合せの数を意味している。例えば、派遣元自治体である A 市が、B 市と C 市の 2 自治体に対して応援職員の派遣実績を有していた場合、A 市－ B 市、A 市－ C 市という二つの派遣事例としてカウントされる。

また、各事例の延べ人数と実人数それぞれを、1 ～ 10 人、11 ～ 20 人、21 ～ 30 人、31 人以上の四つに大別し、派遣人数に関しての全体的な傾向を整理したものが、**図表 3-2-2** になる。この図表からわかるように、全派遣事例のうち８割以上の事例が、延べ人数と実人数とも 10 人以下であり、11 人を超える事例は少ない。そのため、前述したような江戸川区から宮城県気仙沼市への大規模な派遣事例は、例外的ケースといえるだろう。

図表 3-2-2　被災地に派遣した職員の延べ人数と実数の分布　（単位：%）

	1～10人	11～20人	21～30人	31人以上	合計
延べ人数（n = 465）	83.0	11.6	3.4	1.9	100.0
実　数（n = 455）	87.9	9.5	2.2	0.4	100.0

3.2.2　派遣者の職層

次に、どのような職層が実際に派遣されていたのかを確認する。本アンケート調査では、個別シート問２（2）として、2012 度から 2018 年度にかけての派遣者のうち最も上位となる職層について尋ねた。選択肢は、「部長級以上（次長を含む）」、「課長級以上」、「課長補佐級」、「係長級」、「係長級未満」、「その他」であり、この中から一つだけを選択する形での回答となる。その結果をまとめたものが、**図表 3-2-3** である。いずれの年度においても「係長級未満」と回答した割合が最も多く、全体の約６割を占めており、次いで多く選択されているのは「係長級」という回答だった。

この図表が示すとおり、「係長級」あるいは「係長級未満」と回答した割合が全体の約９割を占めていることから、市町村による職員派遣の多くは、係長級以下の職員を派遣するものであって、課長補佐以上の職員を派遣するケースは限定的だったことがわかる。

さらに、経年変化に着目して図表を見れば、時間の経過に合わせて「係長級未満」の回答割合が微増傾向になっていることも指摘できる。また、「部長級以上」や「課長級以上」の職員が派遣されていたという回答割合が最も多い時期も、発災１年後の2012年度に限定されている。このことから、発災からあまり時間が経っていない段階の方が、より職位の高い人材を被災自治体が求めていた可能性が高いといえるだろう。

図表3-2-3　派遣者のうち最も上位の職層　（単位：%）

	1.部長級以上	2.課長級以上	3.課長補佐級	4.係長級	5.係長級未満	6.その他	合計
2012年度（n = 253）	0.8	4.3	12.3	26.1	55.7	0.8	100.0
2013年度（n = 298）	0.0	2.3	8.7	26.8	61.1	1.0	100.0
2014年度（n = 300）	0.0	1.7	7.7	26.7	62.7	1.3	100.0
2015年度（n = 295）	0.3	2.4	7.5	26.4	62.7	0.7	100.0
2016年度（n = 285）	0.4	2.5	7.0	23.5	65.3	1.4	100.0
2017年度（n = 253）	0.0	1.2	5.1	24.1	67.2	2.4	100.0
2018年度（n = 211）	0.0	1.9	6.2	23.2	66.4	2.4	100.0

3.2.3　派遣者数の増減傾向とその理由

本アンケート調査では、個別シート問３として、派遣開始時からアンケート調査時点までの間の派遣者数の推移について認識を尋ねた。具体的には、「派遣開始時から現在まで、職員派遣数は増加している」、「派遣開始時から現在まで、職員派遣数は同数である」、「派遣開始時から現在まで、職員派遣数は減少している」、「現在、職員派遣は終了している」という選択肢の中から一つを選び、回答するよう求めた。

その結果をまとめたものが、**図表3-2-4**である。まず、「現在、職員派遣は終了している」という回答が64.9％と最も多く、また「派遣開始時から現在まで、職員派遣数は減少している」という回答も 10.1％ある。第２章の**図表 2-1** で示したとおり、各自治体からの派遣者数の推移は全体として、2014 年 10 月時点をピークに徐々に減少し、市区町村からの派遣者数の推移も同様の傾向となっていた。このことに鑑みれば、本アンケート調査の結果でも、既に派遣を終了した、あるいは派遣者数を減少させているという回答割合が全体の 7 割 5 分に達していることは整合性があるといえるだろう。

ただし、他方で、「派遣開始時から現在まで、職員派遣数は同数である」という回答も２割程度あることから、すべての事例において派遣者数を減少させているわけではない様子もうかがい知ることができる。

図表 3-2-4　派遣開始時から現在まで職員派遣者数の推移（単位：％（n=507））

1. 増加	2. 同数	3. 減少	4. 既に終了	無回答	合計
3.0	21.7	10.1	64.9	0.4	100.0

次に、増減傾向についての理由である。問３の質問に、「派遣開始時から現在まで、職員派遣数は増加している」あるいは「派遣開始時から現在まで、職員派遣数は同数である」と回答したケースに対しては、問 3-1 として、派遣を継続している理由を次の選択肢から回答するよう求めた（複数回答可）。選択肢は、「派遣先の被災自治体から派遣要請を受けたため」、「復興期間（10 年間）の間は派遣する方針をもっているため」、「職員派遣の費用負担の心配が少ないため」、「自分の自治体や周辺自治体等の災害に備えるため」、「その他」である。

その回答結果をまとめると、図表 3-2-5 のようになる。この図表からわかるとおり、第一に、派遣者数が増加している、あるいは同数いずれの場合においても、「派遣先の被災自治体から派遣要請を受けたため」という理由が圧倒的な割合で選択されている。つまり、被災地自体への派遣は、あくまでも相手方からの要請があってなされる「プル型」を特徴としていることがわかる。

図表 3-2-5　派遣者数を増加、あるいは同数を維持している理由（複数回答可）（単位：%）

	1.派遣先の被災自治体から派遣要請を受けたため	2.復興期間（10年間）の間は派遣する方針をもっているため	3.職員派遣の費用負担の心配が少ないため	4.自分の自治体や周辺自治体等の災害に備えるため	5.その他
増加（n = 15）	100.0	0.0	13.3	13.3	6.7
同数（n = 110）	94.5	12.7	3.6	3.6	4.5

第二に、派遣者数が増加しているケースでは、「職員派遣の費用負担の心配が少ないため」、「自分の自治体や周辺自治体等の災害に備えるため」という理由が一部で選択されているのに対し、派遣者数が同数であるケースでは、これら二つの理由の選択割合が少ない。逆に、派遣者数が同数であるケースでは、「復興期間（10 年間）の間は派遣する方針をもっているため」という理由が一部で選択されているものの、派遣者数が増加しているケースでは、この理由を選択している事例はゼロとなった。このように、派遣者数を増加させている事例と同数となっている事例の間には、派遣理由に関しても若干の違いが存在している。

対して、問 3 の質問に、「派遣開始時から現在まで、職員派遣数は減少している」あるいは「現在、職員派遣は終了している」と回答したケースに対しては、それぞれ問 3-2、問 3-3 として、その理由を次の選択肢から回答するよう求めた（複数回答可）。選択肢は、「派遣先の被災自治体から派遣減員（あるいは停止）の要請を受けたため」、「派遣候補者を確保できなかったため」、「職員派遣の費用負担の心配があるため」、「災害対応に関する一定のノウハウは蓄積できたため」、「自分の自治体や周辺自治体等が被災したため」、「その他」である。

その回答結果をまとめたものが、**図表 3-2-6** である。この図表から、派遣者数が減少しているケースと派遣を終了させているケースではともに、「派遣先の被災自治体から派遣減員（あるいは停止）の要請を受けたため」、「派遣候補者を確保できなかったため」という理由が、他の理由よりも多く選択されていることがわかる。ただし、派遣者数が減少しているケースでは、「派遣先の被災自治体から派遣減員（あるいは停止）の要請を受けたため」、「派遣候補者を確保できなかったため」の各割合がいずれも約３割で均衡しているのに対し、派遣を終了させているケースでは「派遣先の被災自治体から派遣減員（あるいは停止）の要請を受けたため」と比べて「派遣候補者を確保できなかったため」という理由がより多く選択されている。

図表 3-2-6　派遣者数を減少、あるいは派遣を終了した理由（複数回答可）（単位：%）

	1.派遣先の被災自治体から派遣減員（あるいは停止）の要請を受けたため	2.派遣候補者を確保できなかったため	3.職員派遣の費用負担の心配があるため	4.災害対応に関する一定のノウハウは蓄積できたため	5.自分の自治体や周辺自治体等が被災したため	6.その他
減少（n = 51）	29.4	31.4	0.0	0.0	9.8	39.2
既に終了（n = 329）	17.9	42.2	0.0	2.4	7.0	33.1

このことから、派遣者数の減員や派遣終了には、派遣先自治体の意向が少なからず関わっているものの、最終的に派遣を終了させる段階では、派遣候補者の確保が困難といった派遣元自治体側の事情が、派遣元自治体の判断に強く影響を与えていると考えられる。

3.3　派遣前の傾向

各自治体はどのようなきっかけで被災自治体に応援職員を派遣することになったのか。その派遣期間や人数については何らかのルールを定めているのか。派遣される応援職員はどのように決定されたのか。応援職員の派遣にあたり、人事担当部門はどのような点に苦労してきたのか。

応援職員を実際に派遣するまでには様々な決定が積み重ねられる。まず派遣先、派遣方法、派遣期間、派遣人数といった枠組みを予算や定員・現員の状況を睨みながら固め、次に具体的に誰を派遣するかを決定する。さらには、派遣先自治体と連絡を取りながら、現地での執務環境、生活環境等を整える必要もある。これらの点については、各自治体で派遣実務に携わる人事担当者も他の自治体がどのようにしているのか気になるところであろう。

本節では、このような派遣に至るまでの実態をアンケート調査の共通シート問 1、2 及び個別シート問 1、4、5、9 の集計結果をもとに明らかにしていく。

3.3.1　派遣のきっかけ

個別シート問 1 では、派遣先自治体への応援職員派遣を決めた最初のきっかけを尋ねた。その結果を示したのが**図表 3-3-1** である。個別シートの合計 507 事例のうち、半数以上が「総務省と全国市長会・全国町村会の連携協力による派遣スキーム」（第 1 章参照）を通じて派遣先自治体が決まっており、他のきっかけに比べて圧倒的に多い。また、それに次ぐのも「自団体が存する都道府県からの独自の要請」であり、特定のコネクションがあった訳ではなく、橋渡し役によるマッチングを経て派遣先自治体が決定している例が多いことが読み取れる。

図表 3-3-1　派遣を決めたきっかけ（複数回答可）（単位：％（n=507））

1.震災前に締結した災害時応援協定	2.震災後に締結した災害時応援協定	3.震災前からの自治体間での交流実績（姉妹都市、産業・観光振興等）	4.震災直後のボランティア派遣や現地調査・視察	5.首長同士の交流	6.関西広域連合による対口支援	7.貴市区町村の存する都道府県からの独自の要請	8.被災県等が主催する被災自治体による訪問式派遣要請活動	9.総務省、全国市長会、全国町村会スキームでのマッチング	10.他の自治体の派遣動向を踏まえた結果	11.その他
1.2	4.5	7.9	5.1	7.5	1.0	11.4	1.0	55.6	6.7	18.3

逆に、「震災前に締結した災害時応援協定」、「震災前からの交流実績」のような震災前からの関係に基づく派遣は比較的少ない。東日本大震災の場合、被災エリアが広域にわたったため、従来想定されていた近隣自治体による支援体

制が機能せず、遠方の自治体の支援に頼らざるを得なかった。しかし、そもそも遠方の自治体との繋がりは姉妹都市交流などごく限られたものしかなかったため、このような結果になっているものと考えられる。

なお、「その他」には、国交省、環境省、文化庁、水産庁などの中央省庁からの要請、全国原子力発電所所在市町村協議会、（公社）全国都市清掃会議、（公社）日本水道協会など市町村を構成員とする諸団体からの要請が多く見られたほか、避難住民やガレキ処理を受け入れたこと、職員の故郷への貢献希望を受け入れたことといった回答も見られた。

ところで、派遣のきっかけが何であるかによって、その後の派遣人数に違いはあるのだろうか。固有の繋がりがあれば撤退しにくく、第三者によるマッチングによる派遣であれば撤退しやすいという可能性もあり得る。これを確認するため、当該被災自治体への職員派遣者数の推移を尋ねた個別・問３の集計結果とクロス集計を行ってみたが、特段目立った傾向は見出せなかった（紙幅の関係でクロス集計表は省略）。

3.3.2　派遣の方式

本調査の直近時点における派遣方式はどのようになっているのだろうか。これを尋ねた個別シート問４の結果をまとめたのが**図表 3-3-2** である。派遣のきっかけについてまとめた**図表 3-3-1** と比較すると、選択肢が一部変わってい

図表 3-3-2　派遣最終年度（継続中の場合は 2018 年度）における職員の派遣の方式
（複数回答可）（単位：%（n=507））

1.災害時応援協定	2.姉妹都市提携	3.その他の直接派遣	4.関西広域連合による対口支援	5.都道府県ルート	6.総務省、全国市長会、全国町村会ルート	7.その他
6.3	2.6	24.9	0.2	8.9	55.6	5.5

るものの、「総務省、全国市長会、全国町村会ルート」が過半を占めるなど、傾向としてはさほど大きな違いはないように見える。

事例の半数以上を占める「総務省、全国市長会、全国町村会ルート」についてもう少し細かく見てみよう。個別シート問 4-1 では、同ルートによる派遣職員選定の進め方について尋ねた。その結果をまとめたのが**図表 3-3-3** である。総務省、全国市長会・全国町村会からの照会後に派遣先自治体と協議を行い、必要人数や職種を把握のうえ派遣職員を選定している事例が 32.3%（選択肢 2)、同じく照会前から派遣先自治体と協議を行い、必要人数や職種を把握のうえ派遣職員を選定している事例が 19.1%（選択肢 3）となっており、合わせて 5 割以上の事例において派遣先自治体と個別協議を行い、どのような職員が必要かをよく把握したうえで派遣職員を選定していることが読み取れる。

図表 3-3-3　総務省、全国市長会、全国町村会ルートによる派遣の進め方

（単位：%（n=282））

1.照会後に被災自治体と直接協議せず職員を選定	2.照会後に被災自治体と協議を行い職員を選定	3.照会以前に被災自治体と協議を行い職員を選定	4.照会後に都道府県からの要請を介して選定	5.その他	6.無回答	合計
20.2	32.3	19.1	23.4	2.5	2.5	100.0

また、個別シート問 4-2 では、同ルートによる職員派遣の手続きの進めやすさについて尋ねた。その結果をまとめたのが**図表 3-3-4** である。「たいへん進めやすかった」と「概ね進めやすかった」を合わせて約 85%を占めており、派遣元自治体としては概ね使い勝手が良いと評価していることが見てとれる。なお、その理由も尋ねたところ、調整事項や手続きが明確化、定型化されており、派遣先自治体との共通認識を持つことができるため、事前調整が円滑に進むことが非常に多く挙げられていた。

図表 3-3-4　総務省、全国市長会、全国町村会ルートによる派遣の進めやすさ

（単位：%（n=282））

1.たいへん進めやすかった	2.概ね進めやすかった	3.あまり進めやすくはなかった	4.進めやすくはなかった	5.無回答	合計
3.9	81.2	5.7	0.4	8.8	100.0

3.3.3　派遣の期間及び人数

派遣先や派遣方法が決まったら、次はどの程度の人数の職員をどの程度の期間派遣するかを決めることになる。共通シート問１及び２において、それらに関する何らかのルールの有無を尋ねた結果が、**図表 3-3-5** である。

派遣期間、派遣人数の上限、いずれについても明文化した方針を設けている自治体は極めて少なく、明文方針も目安もない自治体が５～６割を占めた。なお、「明文化はしていないが目安はある」と回答した自治体については、期間に関しては人事異動のスパン、人数に関しては定員査定により導出された職員数の余裕などから、目安となる期間、人数を判断しているのではないかと推察される。

図表 3-3-5　派遣期間及び年間派遣職員数の上限に関する方針

（単位：%（n=289））

	1.明文化している	2.明文化はしていないが目安はある	3.特にない	合計
職員 1人あたりの派遣期間に関する方針	3.1	48.8	48.1	100.0
1年間に派遣する職員数の上限に関する方針	1.4	38.4	60.2	100.0

3.3.4　派遣職員の決定方法

個別シート問５では、具体的に誰を派遣するのか、派遣最終年度（継続中の場合は 2018 年度）における選定方法について尋ねた。その結果を派遣元自治体の職員規模別にまとめたのが**図表 3-3-6** である。合計値で見ると、「庁内公募」が 41.8%、「人事担当部門が異動希望調書の記述に基づいて選定」が 24.1%となっており、職員本人の希望がある程度反映されていることが見てとれる。その一方で、「人事担当部門が職員本人の職場経験等をもとに選定」が最多の 44.8%、「所属部門からの推薦」が 12.8%と、職員本人への希望確認が事前になされているかはわからないが、組織の見立てによるものも一定程度考えられよう。なお、「危機管理担当部門の職員」が派遣された例は皆無であるが、これは発災からしばらく経過した後の選定方法を尋ねたものであり、緊急事態対応を主に担当する危機管理担当部門の職員を派遣する必要性がなくなっていたためと推察される。

職員規模別で見た場合の特徴としては、200 人未満の自治体は「庁内公募」や「人事担当部門が異動希望調書の記述に基づいて選定」が少なめで、「人事担当部門が職員本人の職場経験等をもとに選定」がやや多くなっており、職員本人の希望よりも人事担当部門の判断で選定されていることが見てとれる。

図表 3-3-6　派遣最終年度（継続中の場合は 2018 年度）における派遣職員の選定方法（職員規模別、複数回答可）（単位：%）

	1.庁内公募	2.人事担当部門が異動希望調書の記述に基づいて選定	3.人事担当部門が職員本人の職場経験等をもとに選定	4.所属部門からの推薦	5.危機管理担当部門の職員	6.その他
200人未満（n=67）	34.3	13.4	55.2	1.5	0.0	11.9
200人以上400人未満（n=125）	34.4	24.0	53.6	8.0	0.0	2.4
400人以上800人未満（n=127）	56.7	23.6	44.1	7.1	0.0	1.6
800人以上（n=188）	39.4	28.2	35.6	23.9	0.0	7.4
全自治体計（n=507）	41.8	24.1	44.8	12.8	0.0	5.3

200人以上400人未満の自治体もほぼ同様の傾向を示しているが、400人以上800人未満の自治体になると、「庁内公募」が多く、職員本人の希望を反映させるシステムが整備・活用されていることがうかがえる。800人以上の自治体では、一転「庁内公募」が全体平均近くにまで落ち込み、「所属部門からの推薦」が目立って多くなっている。これをどう解釈するかは難しいところであるが、「人事担当部門が職員本人の職場経験等をもとに選定」も少なめであることも考え合わせると、職員規模が大きいため人事課で職員一人ひとりまで細かく把握することは難しい、あるいは、人事課が細やかな選定を行うと手間が掛かり過ぎることから、選定を所属部門に任せたと考えることもできるのではないだろうか。

「その他」としては、「前年度からの継続」が突出して多かった。これは、派遣最終年度（継続中の場合は2018年度）の選定方法について尋ねたためであり、質問の仕方に反省が残るところである。なお、前年度からの継続を決めた理由まで記してくれた回答も少なからずあり、本人の希望、派遣元自治体の意向のほか、派遣先自治体からの要望も反映されていたようである。このほか、「技術系職員については技術系の部署において選定」、「任期付職員を採用して派遣」なども「その他」として挙げられていた。

3.3.5　人事担当部門が苦労した点

応援職員の派遣に際しては、送り出す側の人事担当部門が事前に様々な調整を行う。個別シート問9では、人事担当部門がどのような点に苦労してきたのかを尋ねた。その結果をまとめたのが**図表3-3-7**である。

人事担当部門が最も苦労したのが「人員不足」、つまり限られた人員の中から派遣職員を捻出することによる人手不足である。また、「職員宿舎の確保」や「職場への交通手段の確保」といった派遣先での物理的環境面よりも、「心身の健康確保」のように派遣職員自身の状態に配意してきたことが見てとれる。これは、物理的環境面については事前に十分な調整がなされており、特に

図表 3-3-7　職員派遣にあたり人事担当部門が苦労した点
（複数回答可）（単位：％（n=507））

1.職員宿舎の確保	2.職場への交通手段の確保	3.財源の手当て	4.人員不足	5.心身の健康確保	6.職場習慣や方言への対応	7.その他
9.1	7.7	5.3	77.1	40.8	4.9	9.1

「総務省、全国市長会、全国町村会ルート」においてはより明確化されていることから、さほど苦労せずに調整ができていたものと思われる。

なお、「その他」としては、「派遣職員の人選」が突出して多く、次いで「複数の自治体から派遣要請があった場合の派遣先及び派遣職員数の調整」、「派遣先との諸調整」、「派遣職員が抜ける職場の業務体制の確保」などが挙げられていた。「派遣職員の人選」に苦労したのは、被災地への派遣ということはもちろん、単身赴任での派遣になることも影響していたようである。

3.3.6　派遣前の調整・準備に関する課題

派遣方式としては、「総務省、全国市長会、全国町村会ルート」が最も活用され、各自治体の人事担当部門からも「進めやすかった」との高い評価を得ていた。これは、派遣に係る事務が定型化され、派遣元自治体と派遣先自治体の事前調整が容易になっていることが大きい。

東日本大震災の発災以前にはこのような派遣調整スキームは存在しなかった。このスキームが立ち上がるまでに発災から 10 日ほどかかっており、また、事務の進め方が定型化するまではさらに多くの時間がかかった。しかし、その後、派遣を重ねるにつれて派遣調整スキームとしての完成度が高まり、かなり有用度の高いものになっていった。今後、大きな災害が発生しても速やかな対応が期待できるであろう。

その一方で、多くの自治体がこのような派遣調整スキームに依存し、定型的な調整を済ませれば派遣を実施できるような環境に慣れつつある。例えば今後、局地的な災害の発生時に、このスキームを用いず個別に応援職員の派遣を行おうとする場合、円滑に派遣調整できるだけのノウハウを各自治体が十分に有しているのか、やや不安が残るところである。

これに対し、派遣職員の選定や派遣の準備など自治体内部での派遣準備事務に関しては、どのようなスキームを用いるにしても派遣元自治体が自ら主体的に行わねばならないため、各自治体とも一定のノウハウが蓄積されたようである。ただし、派遣期間や年間派遣職員数の上限に関する方針がほとんど明文化されていないことや、派遣職員を人事担当部門が選定しているケースが相当な割合を占めることからも推察されるように、蓄積されたノウハウが担当者の暗黙知となっている可能性が高い。応援職員の派遣を要するような災害は、本来、そう頻繁に発生するものではない。数年、十数年に一度の事態にも適切かつ円滑に対応できるよう、ノウハウを形式知化し、当該事務を知悉する者が異動しても支障がないようにしておくことが求められる。

3.4　派遣中の傾向

本項では、個別シート問６、７及び８の集計結果を中心に、派遣中の応援職員の業務と管理について見ていきたい。

応援職員を受け入れる派遣先自治体としては、各現場の需要に即応できるように当該職員を派遣することが望ましい。応援職員の経験やスキルを現場にマッチさせるためには派遣元自治体の協力は不可欠だが、派遣元自治体側にも人事上の事情がある。派遣先自治体の要請すべてに応えることはできない。加えて職員の意向等を軽視し、仮に派遣先での業務や生活環境に慣れず何らかの問題が起きてしまった場合、職員本人のみならず受入れ側、派遣側いずれにとっても不幸なこととなる。甚大な被害を受けた地域であるがゆえに、派遣中の応援職員についてはより十分な配慮が求められる。

3.4.1　応援職員の業務マッチング（派遣前の直近業務との派遣先での業務）

図表 3-4-1 は、職種別の派遣の割合を示したものである（個別シート問 6 をもとに集計）。個別シートの事例（派遣個別）の総数 507 のうち、その 65.3%が一般事務系職員（事務職）を、同様に 47.5%が技術職を応援職員として派遣している。当該図表にはでないが、両職種ともに派遣している事例数は計 75（事務職 331 と技術職 241 を足し、派遣事例の総数 507 を引いた数）で全体の 14.8%（75 を 507 で除した数）となるため、事務職のみの派遣事例が多いことはうかがえる。

続く**図表 3-4-2** は、応援職員（派遣最終年度（継続中の場合は 2018 年度）における応援職員）の派遣直前（2018 年度）の部署・業務と派遣先での部署・業務との相違を示したものである（個別シート質問 6）。

図表 3-4-1　職種別の派遣の有無　（単位：%（n=507））

	派遣有	派遣無	無回答	合計
事務職	65.3	32.7	2.0	100.0
	(331)	(166)	(10)	(507)
技術職	47.5	50.5	2.0	100.0
	(241)	(256)	(10)	(507)

図表 3-4-2　派遣前直近と派遣先での担当部署・業務
（複数回答可）（単位：%）

	1.ほぼ同一の部署・業務を担当	2.一部が同一の部署・業務を担当	3.異なる部署・業務を担当	合計（n）
事務職	26.3	27.1	46.6	100.0
	(92)	(95)	(163)	(350)
技術職	48.6	41.5	9.9	100.0
	(123)	(105)	(25)	(253)

一つの派遣事例において複数の職員が派遣されている場合、担当部署・業務に関する回答が複数になることもある。よって、いずれの職種も事例数（**図**

表 3-4-1 参照）と回答数は異なり、両職種においても回答数が上回る結果となっている（事務職においては 331 事例に対し回答数は 350、技術職においては 241 事例に対し回答数は 253）。

事務職の場合、同一もしくはほぼ同一の部署・業務を担当（選択肢 1 及び 2）した職員が計 53.4％（26.3％＋27.1%）、技術職の場合は計 90.1％（48.6%+41.5%）となっている。技術職の場合、その高い専門性に帰するところはあるが、復旧・復興の事務的業務が広範囲にわたることを考えれば、事務職においても比較的高い割合でマッチングされている傾向がうかがえる。このことから、派遣先自治体が応援職員イコール「即戦力」となることを期待していること、同時に、派遣元自治体がその期待に十二分に応えられる職員派遣を考えていることが示唆されよう。

3.4.2　派遣元自治体の派遣にあたっての方針

派遣前と同一（一部同一業務も含む）部署・業務に就く傾向について見ると、事務職の割合は約 5 割、技術職のそれは約 9 割となる。これら高い割合は派遣先自治体と派遣元自治体間の事前調整、特に人材を供給する後者の努力によるものであることが容易に想定される。ではこの事前調整にあたって、派遣元自治体は応援職員の派遣先での業務に対して、あらかじめ何らかの方針を持っていたのであろうか。

図表 3-4-3 は、派遣先での担当業務に関する派遣元自治体の方針を示したも

図表 3-4-3　派遣先担当業務に関する派遣元自治体の方針

（単位：％（n=507））

1.災害対応に関係する業務に配慮してほしい旨要請	2.派遣の際に決まった担当業務以外は認めない	3.特に要請しない	4.その他	無回答	合計
6.1	15.8	60.6	15.2	2.4	100.0
(31)	(80)	(307)	(77)	(12)	(507)

のである（個別シート問7）。

まず派遣元自治体の60.6%が派遣先での業務に対して特に要請はしない（選択肢3）としている。加えて「その他」の15.2%に係る自由記載（詳しくは「付録」参照）からわかるように、その多くは派遣元自治体が要請するのではなく、逆に派遣先自治体の要請に応えている、あるいは事前に派遣先自治体と調整している趣旨のコメントである（「派遣先自治体と連絡を取り決定した。」「これまで派遣した職員が担当した業務を毎年引き継いでいる。」「要望される業務について、対応可能な職員を派遣する。」「前派遣職員と同一業務（部署）になる様に双方で協議済だった。」等）。これらを踏まえれば、また、派遣元自治体の多くは派遣先業務の限定を求めておらず、さらには業務マッチングが決して低くない点を考えれば、方針はなくとも、派遣先自治体の要請にできるだけ応えるよう派遣元自治体が職員派遣している努力がうかがえ知れよう。

なお、派遣の際に決まった担当業務以外を認めない（選択肢2）とする派遣元自治体の割合は計80事例、15.8%であった。図表は割愛しているが、個別シート問5及び6とのクロス集計の結果、80事例のうち、技術職と異なり柔軟に配置しやすい事務職「のみ」の派遣事例数が34であり、さらにその34事例のうち18事例、すなわちその55.8%が人事の異動希望調書等で本人の意思を確認したうえで派遣されていた。概して技術職については専門性を有するがゆえに派遣されており、派遣先業務に制限がかかるのは理解できる。そこで事務職における派遣先業務に係る制限理由については、応援職員が自らの意向に沿った部署・業務に従事できるよう、派遣先自治体側に依頼したものではないかとも考えられる。

派遣元自治体の応援職員に係る何らかの意図や考慮を示唆する応援職員の災害対応業務への配置（選択肢1）は、計31事例、6.1%にとどまった。なお、図表は割愛しているが、計31事例と個別シート問6とのクロス集計の結果、その内訳は事務職が計15事例、技術職が計16例となっている。職種により違いはないようだ。

3.4.3　応援職員の管理

派遣中の職員の管理は派遣先自治体のみならず派遣元自治体にとっても重要な仕事であり、仮に急を要する事態が生じた場合、派遣から速やかに引き揚げるなど、積極的な対処が求められる。派遣元自治体としては応援職員とのコミュニケーションを密にし、応援職員の状況把握に気を配らねばならない。派遣元自治体は、応援職員の勤務及び生活状況を把握する際、どのような形で職員と連絡を取っている（職員に報告をさせている）のだろうか。

3.4.3.1　報告形態の傾向

図表 3-4-4 は、応援職員の派遣元に対する報告の形態を示したものである（個別シート問 8）。ここでは、「応援職員に対し、定期的に帰庁を求め報告させている」（選択肢 1）、「定期的な帰庁は求めないものの、定期的に報告させている」（選択肢 2）、「首長、幹部職員が派遣先自治体を訪問したときに報告させている」（選択肢 3）、「人事担当部門が派遣先自治体を訪問したときに報告させている」（選択肢 4）、「派遣された職員の派遣前の職場職員が派遣先自治体を訪問したときに報告させている」（選択肢 5）、「その他」（具体例記載有）（選択肢 6）が報告形態として問われている（具体の質問項目は「付録」参照）。なお複数回答可となっているため、その総回答数は派遣事例数 507 を上回る 661 となっている。

図表 3-4-4　応援職員の派遣元自治体に対する報告形態

（複数回答可）（単位：%）

1.定期的に帰庁し報告	2.定期帰庁を求めない定期報告	3.首長訪問時に報告	4.人事部門訪問時に報告	5.前派遣職員訪問時に報告	6.その他	合計（n）
43.6	26.5	12.7	12.3	1.4	3.6	100.0
(288)	(175)	(84)	(81)	(9)	(24)	(661)

続く**図表 3-4-5** は、507 の派遣事例から見て各報告形態はどの程度実施されていたのかを示したものである。

図表 3-4-5　派遣事例数に対する各報告形態

（複数回答可）（単位：%）

	1.定期的に帰庁し報告	2.定期帰庁を求めない定期報告	3.首長訪問時に報告	4.人事部門訪問時に報告	5.前派遣職員訪問時に報告	6.その他
当てはまる	56.8	34.5	16.6	16.0	1.8	4.7
	(288)	(175)	(84)	(81)	(9)	(24)
当てはまらない	43.2	65.5	83.4	84.0	98.2	95.3
	(219)	(322)	(423)	(426)	(498)	(483)
合計	100.0	100.0	100.0	100.0	100.0	100.0
（n）	(507)	(507)	(507)	(507)	(507)	(507)

定期的に帰庁報告させる事例数 288（選択肢 1）及び定期の帰庁を求めないものの定期的な報告を求める事例数 175（選択肢 2）を合わせると計 463 となり、派遣事例数 507 の 91.3%を占めることになる。また、その他（選択肢 6）の中には、派遣先自治体が派遣元自治体に対し、「派遣先の人事課において当該職員に定期的に年 4 回、出張命令により業務内容、生活状況を報告させている」「（派遣先の）人事担当部門から定期的に連絡を受け、状況を把握する」など、定期的に当該状況を説明している事例が少なくない（詳しくは「付録」参照）。これらを踏まえると、「定期的」に派遣先自治体自らが派遣元自治体に報告している、もしくは応援職員に対し何らかの形で報告させている事実もみえてくる。

他方、「不定期」の報告形態については決して一様というわけではない。帰庁のタイミングは応援職員の判断に任せ、その他不定期な報告形態としては電話やメールなどが主たる手段のようだ（詳しくは「付録」参照）。なお、首長や幹部、さらには人事担当部門への報告に対する値が小さいのは、これらは派遣先自治体との儀礼的な取り組みの中で報告させているためと解釈するのが自然であろう。

3.4.3.2　報告形態に係る外的な要因

人事管理上、応援職員とのコミュニケーションのありかたは重要事項のひとつである。では応援職員の報告形態の違いには、なんらかの外的要因が影響を与えているのだろうか。個別シートにおける派遣元自治体の①地域、②派遣者総数、③派遣指針、④派遣スキームなどの各データと各報告形態（個別シート問 8）とのクロス集計等を行った結果、①地域と②派遣者総数については、若干ながら一定の傾向を掴むことができた。

まずは地域である。**図表 3-4-6** は、報告形態に係る地域別の派遣事例数と総回答数を示したものである。ここでいう総回答数とは、一部の派遣事例では複数の報告形態が活用されていることから、個々の報告を地方ごとに集計したものである。すなわち、総回答数から派遣事例数を引いてそれを同事例数で除して示された割合（これを「重複率」とする）を比較することで、複数の報告形態を求める自治体に地域的な違いがあるか否かを問うことができる。当該重複率と地方との相関をみると、北海道・東北地方が 48.2％、関東地方が 36.4％、中部地方が 31.1％であり、被災地域から近くなればなるほど、派遣元自治体への活動報告の頻度が高くなることがうかがえる。

図表 3-4-6　報告形態に係る地域別の派遣事例数と総回答数　（単位：%）

	北海道 ･東北	関東	中部	近畿	中国	四国	九州 ･沖縄	合計
派遣事例数	16.8	26.0	23.5	9.3	8.3	2.6	2.2	100.0
（n=507）	(85)	(132)	(119)	(47)	(42)	(13)	(69)	(507)
総回答数	19.1	27.2	23.6	8.5	7.4	2.0	12.3	100.0
（n=661）	(126)	(180)	(156)	(56)	(49)	(13)	(81)	(661)
重複率	48.2	36.4	31.1	19.1	16.7	0.0	17.4	—

他方、**図表 3-4-7** は、派遣元自治体の地域別と各報告形態をクロス集計した結果である。ここでは定期的帰庁を求める報告（選択肢 1）についてみてみよう。

図表 3-4-7　派遣元自治体の地域と報告形態とのクロス表
（複数回答可）（単位：%）

	1.定期的に帰庁し報告	2.定期帰庁を求めない定期報告	3.首長訪問時に報告	4.人事部門訪問時に報告	5.前派遣職員訪問時に報告	6.その他	合計（n）
北海道・東北	38.1	21.4	11.9	23.8	2.4	2.4	100.0
	(48)	(27)	(15)	(30)	(3)	(3)	(126)
関東	48.3	20.6	14.4	15.6	1.1	0.0	100.0
	(87)	(37)	(26)	(28)	(2)	(0)	(180)
中部	39.7	24.4	17.9	5.8	1.9	10.3	100.0
	(62)	(38)	(28)	(9)	(3)	(16)	(156)
近畿	57.1	21.6	5.4	12.5	0.0	3.6	100.0
	(32)	(12)	(3)	(7)	(0)	(2)	(56)
中国	40.8	44.9	8.2	6.1	0.0	0.0	100.0
	(20)	(22)	(4)	(3)	(0)	(0)	(49)
四国	84.6	0.0	0.0	0.0	7.7	7.7	100.0
	(11)	(0)	(0)	(0)	(1)	(1)	(13)
九州・沖縄	34.6	48.1	9.9	4.9	0.0	2.5	100.0
	(28)	(39)	(8)	(4)	(0)	(2)	(81)
合計	(288)	(175)	(84)	(81)	(9)	(24)	(661)

その割合を見ると、北海道・東北地方の 38.1％に比べ、関東地方 48.3％、中部地方 39.7％、近畿地方 57.1％、中国地方 40.8％、九州・沖縄地方 34.6％など、遠隔地域だからといって必ずしも低い傾向にあるわけではないがわかる。とはいえ九州・沖縄地方においては、定期の帰庁は求めない定期的な報告が 48.1％と高いことから、交通の利便性が応援職員の定期的帰庁に幾ばくかの影響を与えていることは示唆されよう。他方、北海道・東北地方が 38.1％といった決して高くない数値となっているのは、（北海道は別だが）被災地域から自家用車等で比較的柔軟に帰庁できる環境に置かれているからであろう。

なお、中部地方では「その他」が比較的多いが、全 16 事例のうち 8 事例は定期・不定期にかかわらず報告させていることから、地域的な差異が特別にあるとはいい難い。

続く**図表 3-4-8** は、派遣事例 507 のうち派遣職員総数が把握できた 471 の事例を① 1-4 人、② 5-9 人、③ 10-19 人、④ 20-39 人、⑤ 40 人以上の五つに分類、集計したものであり、加えて、471 の派遣事例の一部では複数の報告形態が活用されていることから、個々の報告を五つの分類ごとに総回答数として集計したものである。すなわち、総回答数から当該派遣事例数を引いてそれを同事例数で除して示された割合を表す「重複率」を比較することで、複数の報告形態を求める派遣元自治体が派遣の規模により異なるか否か問うことができる。なお、五つの派遣規模の分類は、各グループの事例総数に極力差が生じないよう設定されている。

派遣事例数の割合を見ると、派遣職員総数 5-9 人の派遣元自治体が 28.0% であり、このスパンでの派遣が最も多いことがわかる。また当該重複率を見ると、自治体の派遣規模が大きくなればなるほど、その数値は大きくなっている。派遣規模が大きい自治体は応援職員に活動報告を求める頻度が高いことがうかがい知れる。

図表 3-4-8　派遣先自治体の派遣職員総数別の派遣事例数と総回答数（単位：%）

	1-4人	5-9人	10-19人	20-39人	40人以上	合計
派遣事例数	24.0	28.0	19.3	15.3	13.4	100.0
(n=471)	(113)	(132)	(91)	(72)	(63)	(471)
総回答数	21.8	28.0	18.4	16.7	15.1	100.0
(n=615)	(134)	(172)	(113)	(103)	(93)	(615)
重複率	18.6	30.3	24.2	43.1	47.6	—

最後の**図表 3-4-9** は、派遣元自治体の派遣職員総数別と各報告形態をクロス集計した結果である。定期的に帰庁を求める報告（選択肢 1）と定期帰庁を求めない定期的な報告（選択肢 2）を比較してみよう。1-4 人派遣の場合は後者（選択肢 2）の割合が高いものの、最頻値である 5-9 人派遣の場合から逆転し、それ以降派遣規模が大きくなるにつれ、前者の割合（選択肢 1）が高くなっている。

図表 3-4-9　派遣元自治体の派遣職員総数別と各報告形態とのクロス表
（複数回答可）（単位：%）

	1.定期的に帰庁し報告	2.定期帰庁を求めない定期報告	3.首長訪問時に報告	4.人事部門訪問時に報告	5.前派遣職員訪問時に報告	6.その他	合計(n)
1-4人	35.1	39.6	13.4	6.0	1.5	4.5	100.0
	(47)	(53)	(18)	(8)	(2)	(6)	(134)
5-9人	36.0	28.5	11.6	11.0	2.9	9.9	100.0
	(62)	(49)	(20)	(19)	(5)	(17)	(172)
10-19人	49.6	29.2	11.5	9.7	0.0	0.0	100.0
	(56)	(33)	(13)	(11)	(0)	(0)	(113)
20-39人	50.5	15.5	14.6	19.4	0.0	0.0	100.0
	(52)	(16)	(15)	(20)	(0)	(0)	(103)
40人以上	54.8	12.9	14.0	18.3	0.0	0.0	100.0
	(51)	(12)	(13)	(17)	(0)	(0)	(93)
合計	(268)	(163)	(79)	(75)	(7)	(23)	(615)

応援職員の派遣規模が大きくなるほど、人事担当部門としても当該職員そのものへの関心は一層高まり、定期的に帰庁を求めていることが考えられる。なお、本アンケート調査において 40 人以上派遣している自治体の多くは政令指定都市規模の都市であり、比較的人口規模の小さい自治体は被災県内の二つの自治体のみであった。

以上、外的な要因については、被災地域からの地理的違いや応援職員の派遣規模が派遣元自治体への活動報告の頻度や報告形態等に幾ばくかの影響を与えていることが示唆されよう。

3.4.4　派遣中の応援職員

本項では、派遣中の応援職員の業務と管理について、個別シートの集計結果をもとに考察した。まず業務については、派遣元自治体での直前の部署・業務と派遣先自治体での部署・業務におけるマッチングの程度を検討した。その結果、技術職のマッチング率は約 9 割に上る一方、事務職においても 5 割以上に達していた。派遣元自治体の約７割は派遣先での応援職員の部署・業務に対して特段の制限を求めていないことからも、少なからず応援職員は技術・事務職問わず、過去の経験を活かせる働きをみせることができたと考えられる。これもまた、派遣元・派遣先自治体の綿密な事前調整の結果として捉えることができよう。

管理については、派遣元自治体が応援職員の勤務及び生活状況を把握するための主に応援職員による活動報告形態のありかたについて検討した。帰庁の定期・不定期を問わず全体の約９割が定期的な活動報告を求めている。報告形態に係る外的な要因に関しては、車での移動で帰庁できる地域では帰庁による直接的な報告が求められる傾向が読みとれた。また、職員の派遣規模が大きい派遣元自治体ほど活動報告を求める頻度が高くなり、定期的な帰庁報告を職員により求める傾向にあることもわかった。

アンケート調査の結果を見る限りではあるものの、応援職員は自らの力量を発揮できる業務を任され、総じて派遣元・派遣先自治体による職員の管理・ケアは適切に遂行されていたのではないだろうか。

3.5　派遣後の傾向

応援職員たちは派遣先で多くの経験をしてきた。では、派遣元自治体の帰任後、復旧・復興過程の支援・業務の経験は、どのように派遣元自治体に還元されているのだろうか。本節では人と情報の共有状況の二点からこのテーマを見ていく。

還元の方法の一つに人事配置がある。つまり、帰任職員を派遣地での経験を加味しながら庁内の特定部署に配置するのである。派遣先での経験を職場として活用する方法である。しかし、派遣された職員の数は限られている。組織全体に経験を還元することは難しく、人事配置以外での共有化の方法が必要となる。

そのためもう一つの方法として情報の共有化がある。応援職員の経験を他職員に広く知らしめる方法である。派遣期間での経験や得られた知見である情報を共有する相手は同時期に勤務する職員に限らない。各自治体が直面する災害等は将来発生する。情報共有を一過性なものに止めない工夫が必要となる。

以下では、帰任後の対応として、人に関しては人事配置、情報に関しては経験・知見の共有状況を見ていく。

3.5.1 人事配置

3.5.1.1　派遣経験を考慮しない人事配置：全体的傾向

まずは、帰任後の人事配置の全体的傾向をみておく（個別シート問 10（複数回答可）、図表 3-5-1 参照）。派遣元自治体に派遣先自治体毎の回答を求めた個別シートでは、派遣を終え派遣先自治体から帰任した職員の人事配置と業務を尋ねた。最も多い結果は、「帰任後、派遣経験を考慮した人事異動配置は行っていない」（46.0％）であった。つまり、派遣経験者と派遣をされてない職員との間には扱いに差はないようである。帰任後も通常の人事異動の対象として処遇されているかのようである。

図表 3-5-1　帰任後の人事配置と業務　（複数回答可）（単位：％（n=507））

1.帰任後、派遣前の職場に配置している	2.帰任後、危機管理系に関連する部署に配置している	3.帰任後、派遣先で配置された職場・担当業務に関連する部署に配置している	4.帰任後、派遣経験を考慮した人事異動配置は行っていない	5.まだ帰任していない	6.その他
36.3	6.9	21.3	46.0	2.4	12.6

経験を活用するためには、例えば危機管理部署への異動が考えられる。または、派遣先での業務と関連する部署に配置をすることも考えられる。しかし、個別シートの結果からは、いずれも高い割合ではなかった。「危機管理系に関連する部署に配置」（6.9％）は他の選択肢の中で最も低い割合であった。また、「派遣先で配置された職場・担当業務に関連する部署に配置」は 21.3％であった。

このように帰任後に被災地での業務をそのまま反映した人事配置は行われてはいないようである。これは、派遣時の業務の内容にも原因があるだろう。派遣期間中の業務はまさに様々である。派遣時で得られた経験は、いわゆる危機管理業務に限定されることはない。被災直後の派遣であれば、確かに被災後の復旧業務や危機管理業務に特化したものもあるだろう。他方、復興過程の業務に移る中で派遣された応援職員は、派遣元自治体でも行われている業務との関連性が高くなる。そのため、派遣経験を考慮した人事異動配置は行われていないのだろう。

図表 3-5-2 では派遣方式（個別シート問 4）との関連を見てみるが、いずれの方式でも派遣経験を考慮した人事異動配置を行っていないと回答した自治体が最も多い。特に、災害時応援協定が最も高い（62.5%）。対して、総務省・全国市長

図表 3-5-2　派遣方式と帰任後の人事配置と業務（複数回答可）とのクロス表
（各方式を採用した自治体に占める割合）　　（単位：%）

	1.帰任後、派遣前の職場に配置している	2.帰任後、危機管理系に関連する部署に配置している	3.帰任後、派遣先で配置された職場・担当業務に関連する部署に配置している	4.帰任後、派遣経験を考慮した人事異動配置は行っていない	5.まだ帰任していない	6.その他
災害時応援協定（n=32）	15.6	6.3	37.5	62.5	0.0	9.4
姉妹都市提携（n=13）	38.5	7.7	30.8	46.2	0.0	7.7
その他の直接派遣（n=126）	33.3	11.1	19.8	58.7	3.2	9.5
関西広域連合による対口支援（n=1）	0.0	100.0	100.0	100.0	0.0	0.0
県ルート（貴市区町村の存する都道府県からの独自の要請）（n=45）	44.4	4.4	17.8	46.7	0.0	6.7
総務省、全国市長会、全国町村会ルート（n=282）	35.8	6.7	22.0	42.2	2.8	14.5
その他（例：国交省ルート等）（n=28）	42.9	0.0	7.1	32.1	0.0	21.4

会･全国町村会ルートは、他方式に比べると低い（42.2%）。派遣者数では総務省･全国市長会・全国町村会ルートが大部分を占めているため、回答数には大きな差異がある。この点を踏まえても、個々の自治体が自ら協定を締結したケースや姉妹都市締結をした自治体では、帰任後の人事配置を考慮していないようである。

以上の結果からは、帰任後の人事配置は通常の人事管理と同様に人事担当部門が判断していることがうかがえる。だが、実際はより柔軟であるようだ。例えば､「その他」（12.6%）からはその様子をうかがうことができる。「その他」と回答した自治体の半数（24市区町村）は､職員本人の希望や意向を尋ねている、という。基本的には、派遣前からの職務実績、派遣時の経験を総合的に考慮したうえで配置を決定するものの、帰任後の職員には本人の意識を尊重している自治体が多いようである。

3.5.1.2　通常と専門性の二つのルート：職種による傾向

応援職員の帰任後の人事配置は通常の人事異動に組み込まれている一方で、特徴的な傾向も確認できる。それは、**図表3-5-1**によると「派遣前の職場に配置する」という回答が36.3%であった点である。これは、「派遣経験を考慮した人事異動配置を行っていない」との回答に次ぐ割合であった。派遣先の自治体での職場に戻す背景には、選定方法と職種と関連がある。

まずは、選定方法を見てみよう（個別シート問5)。**図表3-5-3**では選定方法と人事配置の関連性を示した。同表からは、全体ではどのような選定方式であれ帰任後の人事配置に派遣経験を考慮されていない。他方、派遣された職員が派遣前の所属部門からの推薦により派遣候補者を選定する方式を採用した自治体を見てみると、帰任後に派遣前の職場に配置する割合が高い結果である（58.5%)。つまり、各部署からの人材を被災地に送り出し帰任時にも元の職場に戻るルートがあることがうかがえる。この結果からは、派遣を通じた経験を職場内で活用するためのルートもある、と考えられるだろう。

このルートは職種に注目することで、そのルートの内容をうかがい知ること

図表 3-5-3　選定方式と帰任後の人事配置と業務表（複数回答可）とのクロス表（各選定方式を採用した自治体に占める割合）　（単位：%）

	1.帰任後、派遣前の職場に配置している	2.帰任後、危機管理系に関連する部署に配置している	3.帰任後、派遣先で配置された職場・担当業務に関連する部署に配置している	4.帰任後、派遣経験を考慮した人事異動配置は行っていない	5.まだ帰任していない	6.その他
庁内公募方式（n＝212）	34.0	7.1	21.2	44.8	2.4	15.6
人事担当部門（職員課等）が異動希望調書の記述に基づいて選定（n＝122）	30.3	5.7	25.4	46.7	0.8	16.4
人事担当部門（職員課等）が職員本人の職場経験等をもとに、派遣候補者を選定（n＝227）	34.8	6.6	23.8	51.1	2.2	7.9
派遣された職員の派遣前の所属部門からの推薦により、派遣候補者を選定（n＝65）	58.5	4.6	26.2	40.0	0.0	4.6
その他（n＝27）	37.0	3.7	7.4	25.9	11.1	37.0

ができそうである。**図表 3-5-4** では、常勤職員の職種毎に帰任後の人事配置との関係を整理した。全体的な傾向は、いずれの職種でも帰任後には派遣経験を考慮した人事配置が行われていないようである。だがよく見ると派遣前の職場に配置する割合は職種別で異なっている。一般事務職は３割に満たない程度ではあるが（一般事務職（用地を除く）（27.0%）、一般事務職（用地）（28.3））、技術職の各職種では４～６割が派遣前の職場に戻っている（電気（66.7%）、農業土木（66.7%）、機械（55.7%）、保健師（47.1%）、土木（42.5%）、建築（36.6%））。つまり、一般事務職と技術職を比べると技術職は派遣前の職場に配置されている割合が高い。

以上の結果からは、一般事務職の場合、応援職員としての派遣は通常の人事異動のルートの一つに組み込まれ、帰任後もまた通常の人事異動が行われていることが分かった。もちろん、中長期的には派遣経験を生かした部署に配置さ

図表 3-5-4　派遣した職種と帰任後の人事配置と業務表（複数回答可）とのクロス表（各職種の派遣元自治体に占める割合）　（単位：%）

	1.帰任後、派遣前の職場に配置している	2.帰任後、危機管理系に関連する部署に配置している	3.帰任後、派遣先で配置された職場・担当業務に関連する部署に配置している	4.帰任後、派遣経験を考慮した人事異動配置は行っていない	5.まだ帰任していない	6.その他
一般事務職（用地を除く）（n＝300）	27.0	10.7	24.0	57.3	1.7	11.7
一般事務職（用地）（n＝46）	28.3	15.2	17.9	37.0	0.0	13.0
土木（n＝207）	42.5	7.2	30.0	45.4	1.9	12.1
建築（n＝70）	38.6	10.0	30.0	44.3	1.4	18.6
電気（n＝6）	66.7	33.3	50.0	50.0	0.0	0.0
機械（n＝9）	55.6	11.1	22.2	55.6	0.0	11.1
農業土木（n＝6）	66.7	0.0	16.7	50.0	0.0	0.0
文化財技師（n＝8）	62.5	0.0	12.5	25.0	0.0	25.0
保健師（n＝17）	47.1	5.9	17.6	47.1	5.9	0.0
その他（n＝14）	35.7	7.1	14.3	28.6	0.0	42.9

れる可能性はあるだろう。しかし、短期的には通常の人事異動のルートに乗りながら異動していくのである。他方、技術職は通常の自治体では、異動可能な所属部署が限定されている。そのため、技術職は、その専門性が重視され、派遣元自治体内での技術職の希少性から、帰任後、派遣前の職場に配置される傾向がある。

3.5.2　情報の共有

3.5.2.1　庁内共有の高さと住民共有の低さ：全体的傾向

帰任後の自治体への還元方法のもう一つは、情報の共有である。派遣期間での経験や得られた知見である情報の共有状況を見ていく。

まずは、派遣先自治体から帰任した職員の経験・知見の状況と共有相手を見てみよう（共通シート　問３（複数回答可））。**図表 3-5-5** では、特に共有してい

図表 3-5-5　帰任した職員の経験・知見の共有相手とその方法
（複数回答可）（単位：％（n=289））

		（内訳）		
		a. 報告会の開催	b. 論集等の作成・配布	c. その他
1. 職員を派遣した部署内職員で情報共有	29.4	17.3	3.8	8.7
2. 人事担当課内で情報共有	34.6	18.0	4.5	12.5
3. 全職員に情報共有	37.7	23.9	5.9	10.4
4. 住民に情報共有	12.5	3.1	0.7	8.7
5. 上記以外の人や組織に情報共有	18.7	—	—	—
6. 特に共有していない	21.5	—	—	—

ないとの回答が 21.5％であった。つまり、8 割程度の自治体では何らかの方法で共有は行われているようである。共有対象では全職員が最も多い(37.7％)。次いで人事担当課内（34.6％)、そして、職員を派遣した部署内職員（29.4％）で共有されている。全庁での経験・知見の共有には熱心なようすをうかがえそうである。

各自治体の職員の規模によっては全庁的な情報共有に難易があるだろう。そこで、**図表 3-5-6** では職員規模別に共有対象を整理してみた。すると、全職員を対象とした共有では、職員数が 200 人未満の自治体が最も高い（43.6％)。職員数が 800 人以上の自治体では 200 人未満の自治体に比べれば約 10 ポイ

図表 3-5-6　職員規模別の帰任した職員の経験・知見の共有相手
とその方法とのクロス表（単位：％）

	1.職員を派遣した部署内職員で情報共有	2.人事担当課内で情報共有	3.全職員に情報共有	4.住民に情報共有	5.上記以外の人や組織に情報共有	6.特に共有していない
200人未満（n=55）	23.6	29.1	43.6	16.4	7.3	34.5
200人以上400人未満（n=88）	26.1	28.4	35.2	10.2	13.6	29.5
400人以上800人未満（n=73）	27.4	41.1	41.1	12.3	20.5	13.7
800人以上（n=73）	39.4	39.7	32.9	12.3	31.5	9.6

ント低い。他方、職員を派遣した部署内職員との共有は対照的な結果である。職員数が800人以上の自治体が最も高く（39.4%）、200人未満の自治体は約15ポイント低い。以上の職員規模により共有対象が異なる結果からは、庁内共有の容易さは左右される様子がうかがえる。

情報の共有という点で注目しておきたいことは、住民との共有は著しく低いことである（12.5%）。行政組織内の共有とは対照的な結果であった。住民と共有をする場合でも報告会方式と論集方式のいずれの方式とも低い結果であった。住民との共有は多くの自治体では行われていないようである。原因は様々考えられるが、一つには、派遣先の業務として復旧業務には直接は関連しないような通常の行政運営をしばしば担当する点が関連すると考えられる。通常の行政業務は、被災の当事者でもなければ住民の関心を引くものでもないのだろう。地域全体での共有よりも行政としての共有が優先されているのではないだろうか。

このように相対的に住民との共有の度合いは低い。しかし、皆無ではない。**図表3-5-7**では人口区分別での回答を整理した。5万人未満の自治体（13.6%）は、5～20万人（12.0%）、20万人以上（11.3%）の自治体に比べると、僅かではあるが住民と共有する割合が高い。

また、**図表3-5-5**の自由回答の「その他」の方式（8.7%）の結果を見ると、共有の度合いは低いながらも様々な共有方式が実践されていることもうかが

図表3-5-7　人口規模別の帰任した職員の経験・知見の共有相手とその方法とのクロス表（単位：%）

	1.職員を派遣した部署内職員で情報共有	2.人事担当課内で情報共有	3.全職員に情報共有	4.住民に情報共有	5.上記以外の人や組織に情報共有	6. 特に共有していない
5万人未満 (n=110)	29.0	28.2	40.0	13.6	14.5	29.1
5～20万人未満 (n=117)	25.6	36.8	36.8	12.0	17.1	23.1
20万人以上 (n=62)	41.9	41.9	35.5	11.3	29.0	4.8

える。例えば、ホームページの活用である。派遣先の自治体の一覧をホームページに掲載したり、派遣先で活動する状況をホームページで紹介したりする自治体がある。広報誌やホームページの媒体を利用することで、不特定多数の住民との共有が試みられている。さらに、役所のロビーに復興状況のパネル等を掲載したり、地域の集会等で説明することで、震災に問題意識をもつ住民を対象に重点的な情報共有が行われている。

3.5.2.2　情報共有の方法

情報共有の方式は、口頭を中心した報告会方式と文章にまとめた論集方式の二つを尋ねた。**図表 3-5-5** の内訳の欄を見ると、全職員、人事担当課内、職員を派遣した部署内のいずれも報告会方式が論集方式よりも高い割合で採用されていた。この結果を言い換えれば、報告を通じた同時代の職員に対しての情報共有の方式を選びがちではあり、将来振り返るための特別な文書を新たに作成するまでではないようである。

とはいえ、共有方法は以上の二つだけではない。両者を組み合わせた方式もあるだろう。または、まったく別の方式を用いている可能性がある。そこで、自由回答の「その他」の回答結果から報告会方式と論集方式以外の共有方法を、共有対象ごとに整理していく。

まず、全職員を対象とした情報共有方式である。多くは役所内の電子情報ネットワークシステムが利用されている。例えば、論集を電子情報ネットワークシステムに掲載し、職員がだれでも論集を読む機会を設けている。さらに、論集に準じる内容をもつ勤務レポートや帰任報告書を作成している。電子情報ネットワークシステムに掲載される内容は全職員の関心を引きつけるためだろうか、様々な工夫がある。例えば、人事担当課が派遣職員にインタビューを行い、その内容を職員報に掲載をしたり、派遣先の画像データを掲載した「職員だより」を閲覧できるようにしている。

また、勤務中の職員が派遣元の上司等へ定期的に提出する月例報告書・現状報告書を役所内の電子情報ネットワークシステムに掲載する自治体もある。情報共有のための特別の文書を新たに作成することはないもの、通常業務で作成される文書を情報共有の手段として活用しているのである。報告会方式に準じた方法も様々である。例えば、職員の表彰や朝礼での状況報告、職員研修での研修講師としての報告がある。

全庁的な経験等の共有の目的は、中長期的には災害・復興対応を学び修得するためであろう。しかしむしろ、短期的には次の派遣希望者を確保するためでもある。人事担当者の苦労を尋ねた個別シート問9では量的な人員不足が最も多いことからもこの点はうかがえる。そのため、全職員を対象とした情報共有に熱心に取り組み、さらには部局長に対して既存の全庁的な会議の場で報告も熱心に行われているのだろう。

次いで、人事担当者を対象とした情報共有方式である。個別シートの問8でもみたように約6割の自治体では定期的な帰庁と報告を求めていた。帰任後の人事担当課に対する報告でも、報告用文書を新たに作成し提出を求めるというよりも、基本的には口頭と面談が中心となる。一部で文書による報告を求めていると回答した自治体はあるが、文書とするかどうかは派遣された職員に委ねているケースもある。他方、派遣期間中に一定期間毎に作成した業務報告書や復命書の提出をもって報告し、これらを職員間で供覧する自治体がある。業務報告書や復命書の具体的な記載内容は今回の研究では把握ができなかったが、文書として保管されることで、時代を超えた記憶共有にもつながっている。

最後に、職員を派遣した部署内での情報共有方式である。これは人事担当者との共有方法と近い内容である。つまり、帰庁時に口頭での報告を受けることで共有されているようである。報告対象としては上司はもちろんではあるが職員間での共有も行われている。その際、派遣者が作成した業務報告書、復命書を供覧する自治体もある。職員を派遣した部署内での情報共有は全職員または人事担当者での共有に比べると、通常業務の中で共有する、という回答が示された点は特徴的であろう。つまり、経験の共有のため報告会の開催や論集作成のように形式張ることなく、日々の業務の中で経験を組織的に共有しているのだろう。

3.5.3　帰任後の人事配置と情報の共有

本節では、帰任した応援職員が、その経験を派遣元自治体にどのように還元しているのかを明らかにした。特に、人事配置と情報の共有状況を見た。アンケート調査の結果から得られた知見は以下の３点にまとめることができる。

一つめは、人事配置では通常の人事異動に組み込まれていくことである。回答結果からは、帰任後、派遣経験を考慮しない人事配置が行われている可能性が高いという結果からわかる。被災地の業務経験は多様である。派遣時に得られた経験はこれまで経験をしたことがない直接的に復旧・復興業務に関連するものから、派遣元でも従来から行われてきた業務まで様々ある。総合行政主体である自治体では、多くの職員が幅広く業務経験を積んでいく傾向がある。応援職員としての経験は、短期的に人事異動に反映されることはないものの、帰任後に様々な職場に異動していくなかで派遣経験を持つ職員が通常業務を通じて他職員間にその経験・知見を共有していくことが想定されているのかもしれない。これにより、行政組織として必要な全庁的かつ中長期的な備えにつながっているのだろう。

二つめも同じく人事配置に関してである。一つめの知見とは相反するが、職種別では職場単位での経験の共有化が進められていることが分かった。特に、技術職は、通常での人事ルートが限定されていることもあり、帰任後に元の職場に戻るケースがある。これにより技術職としての専門性は職場単位で蓄積されているとも考えられる。

三つめは、情報共有に関して、庁内での経験・知見の共有には熱心であり、住民との情報共有の程度が低いことが分かった。庁内での共有は、職員規模により共有対象が異なるものの、総じて熱心である。報告会を開催し、論集を作成したり、情報ネットワークを利用したり庁内での共有を進めている。ただし、応援職員の帰任後の負担を軽減するように、既存文書を活用したり、口頭による報告を重視する様子もうかがえる。他方、住民との共有はあまり熱心ではない。これは、派遣時の経験は行政実務に関するものであり、派遣先の自治体の住民が関心をもつとは考えていないのかもしれない。そのため、地域全体での共有よりも行政内部での共有が優先されているのだろう。

これら以外の派遣後の経験の還元策には、新たな震災時の支援がある。被災地に職員を派遣した経験を持つ自治体が、東日本大震災以降に発生した災害対応時に支援をすることは、経験の還元先は派遣元自治体に限らないものの、自治体全体に経験を還元していると考えられるだろう。

本アンケート調査の結果では、東日本大震災以降に発生した災害への派遣実績がある自治体は２割であった（共通シート問 4）。この数字は、東日本大震災では全自治体をあげて、応援職員を派遣したことに比べると決して高い割合ではない。被災地に派遣をするもしないも各自治体の判断である。他方で、意欲はあるものの派遣を抑制する要因があるのかもしれない。支援への思いが支援の実践へとつながるように、支援を受けたいという自治体と支援をしたいという自治体が経験を活用できるような制度を持続的に整備することも肝要であろう。

3.6　派遣元自治体の派遣に関する考え方

市区町村の職員数は、総務省が自治体を主導した集中改革プランにより、東日本大震災 1 年前の 2010 年度までの 5 年間で 10.6% の純減であった。このような職員減の只中、派遣元自治体はなぜ被災地に職員を派遣してきたのだろうか。第 3 節で既にみたように、派遣職員を庁内で決定する際は職員本人の希望が尊重されていたが、本節では、派遣元自治体が職員を送り出すそもそもの考え方をアンケートへの回答から探っていきたい。具体的には、自治体としての派遣に関連した考え方を尋ねた 13 の質問に対する主観的な回答（共通シート問 6）の結果を度数分布とクロス集計で確認していく。その際、派遣元自治体の人口規模が派遣に関する考え方に影響しているかどうか、そして、派遣に関する考え方が実際の派遣行動とどのように関連しているのかに着目する。

東日本大震災の被災自治体が必要とする応援職員の人数が最大化したのは、震災から３年後の 2014 年であった（第２章）。つまり、大災害が発生すると、直後の応急期だけでなく復旧・復興期においても職員の確保が必要とされる。職員の確保が被災者の生活再建と被災地の回復にとって重要であれば、全国の自治体が被災自治体からの応援職員需要にどう応えていくのかは大きな課題である。派遣制度のありかたはもとより、派遣元自治体の考え方を知ることで、被災地に必要とされる応援職員数がこれまでほぼ充足されてきた状況の成り立ちの一端を理解することができるだろう。

3.6.1 災害時の相互協力と災害対応の経験蓄積

派遣に関連する考え方を尋ねた 13 の質問項目は、派遣元自治体、被災自治体及び総務省公務員課への聞き取り調査を踏まえ作成したものである。災害時の助け合いはお互い様であるという考え方や、災害に見舞われる可能性がある中で職員が災害対応の現場で学ぶことによる経験蓄積効果を見込む考え方など、将来直面するかもしれない状況への備えに関する質問項目に加え、応援職員を派遣する判断の根拠になりうる組織内外の要因を組み込んだ質問構成とした。ここで組織内外の要因とは、自治体内の職員数の充足状況に対する認識や国が負担する派遣に要する費用に対する認識などである。具体的な質問文は**図表 3-6-1** の①～⑬のとおりである。各質問について、「そう思う、ややそう思う、あまりそう思わない、思わない」の四つ選択肢の中から回答がなされた。

まず、各質問項目の回答の分布を確認する（**図表 3-6-1** 参照）。「そう思う」と「ややそう思う」の合計値の割合が特に高く、９割台であったのは、「⑨被災自治体に職員を派遣するのは、被災地のためである」（96.9%）、「⑬貴自治体で激甚災害が発生したら、復旧・復興期に他自治体からの応援職員が必要だ」（96.5%）、「⑫貴自治体で激甚災害が発生したら、応急期に他自治体からの応援職員が必

図表 3-6-1　派遣元自治体における派遣に関する考え方

（単位：％（n=289））

派遣に関連する考え方を尋ねた13の質問項目（共通シート問6）	そう思う	ややそう思う	あまりそう思わない	思わない	無回答	合計
① 貴自治体の事務系職員においては、業務量に見合った職員数を確保できている	11.1	37.4	40.8	8.7	2.1	100.0
② 貴自治体の技術系職員においては、業務量に見合った職員数を確保できている	7.3	29.8	43.6	17.3	2.1	100.0
③ 貴自治体では、災害対応への備えを積極的に進めている	38.1	48.4	10.7	0.7	2.1	100.0
④ 貴自治体は、被災自治体への職員派遣に積極的である	24.2	54.0	17.6	2.1	2.1	100.0
⑤ 被災地への職員派遣は、貴自治体における災害対応経験の蓄積に効果がある	32.5	53.3	12.1	0.3	1.7	100.0
⑥ 被災地に職員を派遣するのは、貴自治体自身のためである	13.5	45.0	34.6	5.2	1.7	100.0
⑦ 被災自治体からの求めがあれば、人手不足でも職員派遣に応じるべきだ	8.3	56.7	32.2	1.0	1.7	100.0
⑧ 被災自治体からの求めがあれば、遠隔地であっても職員派遣に応じるべきだ	17.6	64.4	15.2	0.7	2.1	100.0
⑨ 被災自治体に職員を派遣するのは、被災地のためである	48.1	28.8	1.4	0.0	2.1	100.0
⑩ 職員派遣に関して、被災地への他自治体の派遣動向を意識している	9.0	50.5	35.3	3.5	1.7	100.0
⑪ 職員派遣に要する費用に関して、国の財源保障を意識している	16.6	48.8	27.3	5.5	1.7	100.0
⑫ 貴自治体で激甚災害が発生したら、応急期に他自治体からの応援職員が必要だ	63.0	33.2	1.7	0.3	1.7	100.0
⑬ 貴自治体で激甚災害が発生したら、復旧・復興期に他自治体からの応援職員が必要だ	58.8	37.7	1.7	0.0	1.7	100.0

要だ」（96.2%）であった。8割台は、「③貴自治体では、災害対応への備えを積極的に進めている」（86.5%）、「⑤被災地への職員派遣は、貴自治体における災害対応経験の蓄積に効果がある」（85.8%）、「⑧被災自治体からの求めがあれば、遠隔地であっても職員派遣に応じるべきだ」（82.0%）であった。

逆に、「そう思う」と「ややそう思う」の合計値の割合が低く5割を切ったのは、「②貴自治体の技術系職員においては、業務量に見合った職員数を確保できている」（37.0%）、「①貴自治体の事務系職員においては、業務量に見合った職員数を確保できている」（48.4%）であった。

つまり、全体の傾向としては、派遣元自治体自身も人手不足感が否めない中で、災害が発生した時の応援職員の必要性はお互い様という考え方や、災害対応への備えとして応援職員派遣には効果があるといった自治体の現状認識が見てとれる。

以上でみた派遣元自治体の考え方の分布を人口規模別[28]にクロス集計し、まとめたものが**図表3-6-2**である。この図表からわかるように、自治体人口の大小によって異なる傾向がある。自治体内で事務系職員や技術系職員が確保されているという認識があり（①と②の質問項目）、応援職員の派遣が災害対応の経験蓄積になる（⑤の質問項目）と考えているのは、人口規模の小さな自治体よりも、20万人以上の自治体の方が多い傾向となっている。

他方、人口規模による明らかな違いがみられなかった項目は、「被災自治体からの求めがあれば、人手不足でも職員派遣に応じるべき」（⑦）、「被災自治体に職員を派遣するのは、被災地のため」（⑨）、「職員派遣に要する費用に関して、国の財源保障を意識している」（⑪）、「貴自治体で激甚災害が発生したら、応急期に他自治体からの応援職員が必要」（⑫）、「貴自治体で激甚災害が発生したら、復旧・復興期に他自治体からの応援職員が必要」（⑬）の5項目であった。つまり、災害時における自治体間の相互協力の必要性や、他自治体の動向と国の財源保障に関しては人口規模による考え方の違いは明確には現れていない。

以上を概括すると次の傾向が見てとれる。第一に、災害時の相互協力については人口規模に関わらず多くの派遣元自治体が重視している。第二に、災害対応経験の蓄積については多くの自治体が重視しているが、人口規模別に見ると、人口の少ない自治体に比べ、人口の多い自治体の方が重視する傾向がみられる。第三に、事務系職員や技術系職員が組織内で確保できているという認識を背景とした派遣は人口規模の大きな自治体で行われている。なお、図表は掲載しないが、職員規模と派遣に関する考え方との間にも人口規模別にみられる

28　人口規模の出所は2015年国勢調査である。

図表 3-6-2　人口規模と自治体の派遣に関する考え方とのクロス表

	そう思う	ややそう思う	あまりそう思わない＋思わない	合計 %	(n)
①【事務職員の確保】					
5万人未満	5.6	29.6	64.8	100.0	(108)
5万人以上20万人未満	9.5	40.5	50.0	100.0	(116)
20万人以上	25.4	49.2	25.4	100.0	(59)
②【技術職員数の確保】					
5万人未満	2.8	18.5	78.7	100.0	(108)
5万人以上20万人未満	6.9	31.9	61.2	100.0	(116)
20万人以上	16.9	49.2	33.9	100.0	(59)
③【災害対応への備えに積極的】					
5万人未満	25.9	53.7	20.4	100.0	(108)
5万人以上20万人未満	41.4	51.7	6.9	100.0	(116)
20万人以上	57.6	37.3	5.1	100.0	(59)
④【職員派遣に積極的】					
5万人未満	15.9	54.2	29.9	100.0	(108)
5万人以上20万人未満	25.9	58.6	15.5	100.0	(116)
20万人以上	38.3	50.0	11.7	100.0	(59)
⑤【災害対応経験の蓄積に効果】					
5万人未満	25.9	58.3	15.7	100.0	(108)
5万人以上20万人未満	32.8	53.4	13.8	100.0	(116)
20万人以上	46.7	48.3	5.0	100.0	(59)
⑥【貴自治体自身のため】					
5万人未満	9.3	40.7	50.0	100.0	(108)
5万人以上20万人未満	15.5	47.4	37.1	100.0	(116)
20万人以上	18.3	51.7	30.0	100.0	(59)
⑦【人手不足でも応じるべき】					
5万人未満	5.6	58.3	36.1	100.0	(108)
5万人以上20万人未満	11.2	54.3	34.5	100.0	(116)
20万人以上	8.3	63.3	28.3	100.0	(59)
⑧【遠隔地でも応じるべき】					
5万人未満	9.3	70.4	20.4	100.0	(108)
5万人以上20万人未満	20.9	61.7	17.4	100.0	(116)
20万人以上	28.3	65.0	6.7	100.0	(59)
⑨【被災地のため】					
5万人未満	47.2	50.0	2.8	100.0	(108)
5万人以上20万人未満	46.6	53.4	0.0	100.0	(116)
20万人以上	56.7	41.7	1.7	100.0	(59)
⑩【他自治体の派遣動向を意識】					
5万人未満	3.7	50.0	46.3	100.0	(108)
5万人以上20万人未満	7.8	50.9	41.4	100.0	(116)
20万人以上	21.7	55.0	23.3	100.0	(59)
⑪【国の財源保障を意識】					
5万人未満	13.9	46.3	39.8	100.0	(108)
5万人以上20万人未満	18.1	54.3	27.6	100.0	(116)
20万人以上	20.0	46.7	33.3	100.0	(59)
⑫【応急期に他自治体からの応援職員が必要】					
5万人未満	63.0	34.3	2.8	100.0	(108)
5万人以上20万人未満	63.8	33.6	2.6	100.0	(116)
20万人以上	66.7	33.3	0.0	100.0	(59)
⑬【復旧・復興期に他自治体からの応援職員が必要】					
5万人未満	62.0	34.3	3.7	100.0	(108)
5万人以上20万人未満	57.8	41.4	0.9	100.0	(116)
20万人以上	60.0	40.0	0.0	100.0	(59)

傾向と類似の傾向がみられた。

3.6.2　派遣人数・情報共有行動・再派遣行動に影響する派遣元自治体の考え方

次に、応援職員を被災地に送り出している自治体の派遣に関する考え方は、派遣に関する実際の組織行動とどのように関係しているのだろうか。本項では、派遣に関する組織行動として、(1) 派遣人数、(2) 被災自治体から帰任した職員の経験・知見の情報共有行動（共通シート問 3）、(3) 東日本大震災後の災害の被災地に東日本大震災の応援職員を再派遣する行動（共通シート問 4）の三つに着目し、派遣元自治体の派遣に関する考え方（共通シート問 6）との関連性を検討する。

第一に、派遣人数について見ていく。派遣元自治体の派遣に関する考え方は、2012 年度から 2018 年度の 7 年間に送り出した応援職員の派遣人数の多さと関係があるのだろうか。派遣元自治体の派遣に関する考え方の分布（「思わない＋あまりそう思わない」、「ややそう思う」、「そう思う」の 3 グループ）と応援職員の人数（「5 人未満」、「5 人以上 10 人未満」、「10 人以上」の 3 グループ）をクロス集計し、まとめたものが**図表 3-6-3** である。**図表 3-6-3** には、派遣元自治体の派遣に関する考え方によって、応援職員の派遣人数が異なる傾向がみられた項目を掲載した。「そう思う」と回答した自治体の方が、「ややそう思う」、「思わない＋あまりそう思わない」と回答した自治体に比べて多くの職員を派遣した傾向がみられるのは、「①貴自治体の事務系職員においては、業務量に見合った職員を確保できている」、「②貴自治体の技術系職員においては、業務量に見合った職員を確保できている」、「③貴自治体では災害対応への備えを積極的に進めている」、「④貴自治体は、被災自治体への職員派遣に積極的である」の 4 項目であった。もう少し詳しくみると、例えば、組織内要因として技術系職員人員の確保ができていると考えているグループでは 10 人以上派遣している割合（50.0%）が、人員の確保ができていないと考えているグループ（23.2%）よりも高い。災害対応への備えを積極的に進めているグループでは 10 人以上派

図表 3-6-3　派遣元自治体の派遣に関する考え方と派遣人数とのクロス表

	5人未満	5人以上 10人未満	10人以上	合計 %	(n)
①【事務職員の確保】					
思わない＋あまりそう思わない	38.5	41.5	20.0	100.0	(130)
ややそう思う	30.8	25.0	44.2	100.0	(104)
そう思う	30.0	23.3	46.7	100.0	(30)
②【技術職員数の確保】					
思わない＋あまりそう思わない	39.6	37.2	23.2	100.0	(164)
ややそう思う	28.8	23.8	47.5	100.0	(80)
そう思う	15.0	35.0	50.0	100.0	(20)
③【災害対応への備えに積極的】					
思わない＋あまりそう思わない	46.7	36.7	16.7	100.0	(30)
ややそう思う	39.4	32.3	28.3	100.0	(127)
そう思う	25.2	32.7	42.1	100.0	(107)
④【職員派遣に積極的】					
思わない＋あまりそう思わない	61.8	25.5	12.7	100.0	(55)
ややそう思う	34.0	34.0	31.9	100.0	(141)
そう思う	11.8	36.8	51.5	100.0	(68)

遣している割合（42.1%）が、積極的に進めていないグループ（16.7%）よりも高い。被災自治体への職員派遣に積極的なグループでは10人以上派遣している割合（51.5%）が、積極的には派遣していないグループ（12.7%）よりも高い。

以上をまとめると、組織内の人的資源が確保されているグループ、災害対応への備えや職員派遣に積極的なグループは、そうではないグループに比べてより多くの応援職員を派遣する傾向がみられる。人的資源や災害対応への備えは、人口の多い自治体の派遣の論理として現れやすい傾向（前項参照）がみられたことを踏まえれば、職員数に恵まれた組織力を活用し、災害対応への備えの一環として応援職員の派遣要請に応えていると考えられる。なお、図表は掲載しないが、派遣人数に類似した組織行動として、派遣先自治体数と派遣の最長継続年数についても分析したところ、類似の傾向がみられたことも指摘しておきたい。派遣先自治体数が多い派遣元自治体は、派遣先が少ないグループに比べ、職員数が確保されているという認識があり、また、災害対応への備えを積極的に進めている。派遣の最長継続年数が長い派遣元自治体は、短いグループに比べ災害対応への備えを積極的に進めている。これらのことから、派遣行動の積極性には、組織内の職員数が相対的にいえば確保されているという人的条件と災害対応への備えの重視度合いが影響しているといえるだろう。

それでは、派遣人数以外の組織行動と派遣元自治体の派遣に関する考え方とは結びついているのだろうか。次に、派遣元自治体の派遣に関する考え方と第５節で詳しくみた被災自治体から帰任した職員の経験・知見の情報共有行動（共通シート問３）との関連性に焦点をおいて検討する。帰任後の職員の経験・知見の共有行動は、職員個人の経験を組織内に蓄積していくプロセスであり、短期的には組織としての派遣継続の是非、中長期的には災害対応経験の蓄積に関係していると考えられる[29]。

派遣元自治体の派遣に関する考え方の分布（「思わない＋あまりそう思わない」、「ややそう思う」、「そう思う」の３グループ）と帰任後の経験・知見の情報共有行動に関する回答分布（「情報共有の相手なし」、「情報共有の相手１種類」、「情報共有の相手２種類」の３グループ）とをクロス集計し、まとめたものが**図表 3-6-4** である。**図表 3-6-4** には、派遣元自治体の考え方と情報共有行動との明らかな関連性がみられた項目を掲載した。両者の間に関連がみられたのは、「①貴自治体の事務系職員においては、業務量に見合った職員数を確保できている」と「④貴自治体は、被災自治体への職員派遣に積極的である」の２項目に限られていた。具体的には、事務系職員が確保されているという認識があるグループは、そうでないグループに比べて情報共有の相手がいない割合が低く（6.3%）、情

29　共通シート問３と問６との関連性を検討するために問３の回答を集約すると、情報共有行動を行っていないと回答した自治体は 21.7%、情報共有の相手が１種類と回答した自治体は 44.1%、２種類以上と回答した自治体は 34.2% であった。

図表 3-6-4　派遣元自治体の派遣に関する考え方と帰任後の情報共有行動とのクロス表

	情報共有の相手なし	情報共有の相手1種類	情報共有の相手2種類	合計 %	(n)
①【事務職員の確保】					
思わない＋あまりそう思わない	25.2	44.8	30.1	100.0	(143)
ややそう思う	22.2	36.1	41.7	100.0	(108)
そう思う	6.3	65.6	28.1	100.0	(32)
④【職員派遣に積極的】					
思わない＋あまりそう思わない	29.8	45.6	24.6	100.0	(57)
ややそう思う	22.4	42.9	34.6	100.0	(156)
そう思う	14.3	45.7	40.0	100.0	(70)

報共有行動を行っている割合が高い。職員派遣に積極的なグループはそうでないグループに比べて情報共有の相手がいない割合が低く（14.3%）、情報共有行動を行っている割合が高い。このことから、事務系職員数が相対的に確保されているという組織内の人的条件と職員派遣への積極的姿勢が、帰任後の経験・知見の情報共有行動の積極的にある程度影響しているといえるのではないだろうか。

最後に、派遣元自治体の派遣に関する考え方が職員の再派遣行動に結びついているのかどうか、その関連性を見ていく。東日本大震災後の熊本地震や豪雨災害等の被災地に、東日本大震災の応援職員を再派遣している自治体は19.4%、再派遣していない自治体と把握していない自治体の合計は80.6%であり、同一職員の再派遣を行った自治体は２割程度である。災害対応経験のある職員を派遣するということは、被災地で即戦力になる人材の派遣や経験を重ねた人材の育成を意識しているように捉えることができる行動パターンであるが、自治体の保有するどのような条件や考え方が職員の再派遣行動と関係しているのだろうか。

派遣元自治体の派遣に関する考え方の分布（「思わない＋あまりそう思わない」、「ややそう思う」、「そう思う」の３グループ）と職員の再派遣行動に関する回答分布（「ない＋把握していない」、「ある」の２グループ）とをクロス集計し、まとめたものが**図表 3-6-5** である。**図表 3-6-5** には、派遣に関連する考え方の違いが職員の再派遣行動と明らかに関連していた項目を掲載した。両者の間に関連がみられたのは、「②貴自治体の技術系職員においては、業務量に見合った職員数を確保できている」、「③貴自治体では、災害対応への備えを積極的に進めている」、「④貴自治体は、被災自治体への職員派遣に積極的である」、「⑦被災自治体からの求めがあれば、人手不足であっても職員派遣に応じるべきだ」の４項目であった。

もう少し詳しく見ていこう。技術系職員が確保されているという認識があるグループは、そうでないグループに比べて別の災害による被災地に職員の

図表 3-6-5　派遣元自治体の派遣に関する考え方と再派遣行動とのクロス表

	ない ＋把握していない	ある	合計 %	 (n)
②【技術職員数の確保】				
思わない＋あまりそう思わない	84.0	16.0	100.0	(175)
ややそう思う	79.1	20.9	100.0	(86)
そう思う	61.9	38.1	100.0	(21)
③【災害対応への備えに積極的】				
思わない＋あまりそう思わない	90.9	9.1	100.0	(33)
ややそう思う	84.3	15.7	100.0	(140)
そう思う	73.4	26.6	100.0	(109)
④【職員派遣に積極的】				
思わない＋あまりそう思わない	91.2	8.8	100.0	(57)
ややそう思う	82.7	17.3	100.0	(156)
そう思う	66.7	33.3	100.0	(69)
⑦【人手不足でも応じるべき】				
思わない＋あまりそう思わない	88.4	11.6	100.0	(95)
ややそう思う	79.3	20.7	100.0	(164)
そう思う	58.3	41.7	100.0	(24)

再派遣を行った割合が高い（38.1%）。災害対応への備えを積極的に進めているグループは、そうでないグループに比べて職員の再派遣行動をとった割合が高い（26.6%）。職員派遣に積極的なグループは、そうでないグループに比べて再派遣行動をとった割合が高い（33.3%）。人手不足であっても派遣に応じるべきだと考えているグループは、そうでないグループに比べて再派遣行動をとった割合が高い（41.7%）。このことから、別の災害による被災地への職員の再派遣行動には、技術系職員が相対的に確保されているという組織内の人的条件、災害対応への備えの重視度合い、職員派遣への積極性、要請への対応の積極性が影響していると考えられるのではないだろうか。

3.6.3 派遣元自治体はなぜ応援職員を派遣するのか

本節では、応援職員需要に応えてきた派遣元自治体に対して尋ねた派遣に関する考え方について、13の項目を分析した。その度数分布と人口規模とのクロス表からは、派遣元自治体が特に重視しているといえる考え方はあるのかを明らかにした。また、派遣元自治体の認識が具体的な派遣行動とどのように関連しているのかを検討するために、派遣人数の大小、応援職員の帰任後の知見・経験の情報共有の程度、別の災害への職員の再派遣の有無の三つの派遣行動との関連性を検討した。本節の分析で得た主な知見は次の3点である。

一つめは、派遣に関連する自治体の考え方の全体的傾向についてである。派遣元自治体自身も人手不足感が否めない中で、災害が発生した時の応援職員の必要性はお互い様という考え方や、災害対応への備えとして応援職員派遣には効果があるといった現状認識に基づいて、応援職員の派遣が行われていた。

二つめは、自治体の人口規模の大小と派遣元自治体が重視する考え方とが関連しているかどうかについてである。災害対応経験の蓄積についてはそもそも多くの自治体が重視しているが、人口別に見ると、人口の小さな自治体に比べ、人口の大きな自治体の方がより重視している傾向があった。また、人口規模の大きな自治体では、小さな自治体に比べ、事務系職員や技術系職員の数がある程度確保されているという認識をもっていた。

他方で、「被災自治体に職員を派遣するのは、被災地のため」や「貴自治体で激甚災害が発生したら、応急期に他自治体からの応援職員が必要」といった、災害時の相互協力の必要性については、人口規模の小さな自治体でも大きな自治体でも同様に、多くの派遣元自治体が重視していることにも注目したい。災害時相互応援協定にみられるような個別自治体間でお互いに助け合うシステムだけではなく、自治体間における災害時の相互協力という、より包括的な価値観が派遣元となった多くの自治体の中で存在していると考えられるのではないか。

三つめとして、派遣元自治体の考え方が派遣人数の多さといった派遣行動に影響を与えているかどうかについてである。組織内に職員数がある程度確保されているという認識や災害への備えを重視する考え方をもつ自治体は、派遣人数が多かった。組織内に事務系職員がある程度確保されているという認識と職員派遣への積極的姿勢をもつ自治体は、帰任後の応援職員の経験・知見の情報共有行動に積極的な傾向がみられた。組織内に技術系職員がある程度確保されているという認識、災害への備えの重視、職員派遣への積極性、被災地からの要請への対応の積極性をもつ自治体は、別の災害への職員の再派遣を行っている傾向がみられた。

以上を踏まえれば、派遣元自治体の多くは、災害時における自治体間の相互協力の必要性を認識として共有し、自らの自治体で発生するかもしれない災害に備える意思を持ち、組織内の人員の条件を勘案しつつ、応援職員の派遣を行っていると考えられる。

第4章　インタビュー調査から見る応援職員の傾向

本章では、派遣元自治体へのインタビュー調査の結果をまとめる。インタビュー調査の対象は、特別区（東京23区）の人事担当や危機管理担当部門の職員である。

本書第1章では名古屋市の派遣の仕組みと実績、第2章では都道府県と政令指定都市と市区町村全体の派遣実績を明らかにした。ここまで見てきたとおり、市区町村では政令指定都市の派遣件数が多い（**図表2-1**参照）。しかし、政令指定都市には及ばないものの特別区からの派遣者数も少なくない。総務省が実施してきた「東日本大震災被災地地方公共団体への地方公務員の派遣状況」のデータのうち特別区の派遣者数をまとめた**図表4-1**によると、23の特別区全体では毎年度約90名前後の職員を派遣してきた。つまり、**図表2-1**でまとめた市区町村全体の派遣者数と対比すれば、毎年度1割程度は23区から派遣されてきたことになる。

特別区は、大都市部に位置すること、都区制度に基づく制度面での共通性が高いこと、そして、上記のように多くの職員をこれまで派遣してきたことを踏まえれると派遣元自治体の共通性を見出しやすいように考えられる。

23区では、下記の個別事例で紹介するように、特別区長会がまとめ役となり各区に派遣を要請してきた。23特別区の間では、従来より各種要望の取りまとめなどを行うために、複数の区ごとに一つのまとまり（ブロック）をつくり、現在五つのブロックに分かれている。職員派遣に際しては、ブロック毎で応援職員を調整するものの、派遣決定は各区の意思により行われてきた。そのため**図表4-1**からもわかるように、派遣者数には各区で差異がある。本調査で

図表 4-1　23 特別区の派遣者数の推移

	2011年 7月	2011年 10月	2012年 1月	2012年 4月	2012年 10月	2013年 5月	2013年 10月	2014年 4月	2014年 10月	2015年 4月	2015年 10月	2016年 4月	2016年 10月	2017年 4月	2017年 10月	2018年 4月	累計
千代田区	0	0	2	1	1	2	2	2	2	2	2	2	2	2	2	2	26
中央区	6	0	0	0	2	3	3	3	3	3	3	3	3	4	4	4	44
港区	3	4	1	2	2	2	2	2	2	2	2	1	1	1	1	1	29
新宿区	0	2	2	4	5	7	7	7	7	7	7	7	7	7	7	6	89
文京区	7	1	1	2	2	3	3	3	3	3	3	3	3	3	3	3	46
台東区	4	3	0	4	4	2	2	1	1	1	1	1	1	1	1	1	28
墨田区	6	1	1	1	1	2	2	2	2	2	2	2	2	2	2	2	32
江東区	4	1	0	1	1	3	3	2	2	2	2	3	3	3	3	3	36
品川区	8	1	0	5	5	8	8	8	8	8	8	6	6	4	4	3	90
目黒区	9	0	0	2	3	3	3	3	3	4	4	4	3	3	3	3	50
大田区	12	8	2	3	3	3	3	3	3	3	3	3	2	2	2	2	57
世田谷区	0	4	1	4	4	8	8	8	8	8	8	8	8	8	7	6	98
渋谷区	0	0	0	0	0	0	0	0	0	0	0	1	1	0	1	1	4
中野区	11	7	9	5	7	9	9	10	10	10	10	11	11	7	7	7	140
杉並区	10	10	4	4	4	3	3	5	5	8	8	8	8	8	8	7	103
豊島区	13	0	0	3	3	4	4	4	4	4	4	4	4	2	2	2	57
北区	5	2	0	1	1	3	3	3	3	3	3	3	3	4	4	4	45
荒川区	5	2	1	2	3	2	2	2	2	2	2	2	2	2	2	2	35
板橋区	5	4	0	3	3	4	4	4	4	4	4	4	4	4	4	4	59
練馬区	5	3	3	2	2	3	3	3	3	2	2	2	2	1	1	0	37
足立区	6	6	0	7	6	5	5	4	4	2	2	3	3	3	3	1	60
葛飾区	4	1	0	3	3	3	3	4	4	4	4	4	4	4	4	4	53
江戸川区	28	11	0	9	13	14	14	14	14	14	14	13	13	12	12	11	206
計	151	71	27	68	78	96	96	97	97	98	98	98	96	87	87	79	1,424

は、多くの職員を派遣してきた23区の特別区の派遣の仕組みと現状を把握すべく、23区の中でもとくに派遣者の累計数が多い四つの区（杉並区、世田谷区、江戸川区、中野区）に対してインタビューを実施した。

以下では、第3章でまとめたアンケート調査の結果を踏まえて、それぞれの区の派遣前、派遣中、派遣後の取り組みを、インタビュー調査の実施順にまとめていく。

4.1　杉並区[30]

4.1.1　派遣前

杉並区では、東日本大震災発災当初、三県の自治体に派遣をした。2011年の派遣では、全国市長会と東京都、特別区人事・厚生事務組合人事企画部からの調整依頼を受けて、杉並区は第4ブロックの幹事区となり第4ブロック内の他区（豊島区、板橋区、練馬区）との派遣人数の調整をした。その上で、杉並区は、宮古市、仙台市、女川町を担当し、事務職、保健師等の各職種の派遣を開始した。2011年度は一つの自治体を継続的に担当する場合もあれば、2週間交代で他区にバトンタッチすることもあった、という。また、被災地だけではなく双葉町が避難していた加須市や浪江町の避難先の二本松市にも職員を派遣した。

杉並区が派遣した職員は主に係長級であった。事務職だけでなく保健師も派遣したが、それらも係長級であった。人事係では、職員を派遣する際には各職員の家庭事情を考慮した、という。また、係長級の職員から長期の間自宅を離れない職員を除き、残された職員から選考をした。候補者となっても家族と相談するなかで被災地への派遣を辞退するものもいた、という。2011年度の派

30　本節は、2017年10月26日（木）に総務部人事係及び危機管理室を対象に実施したインタビュー調査に基づきまとめたものである。ご対応いただいた担当者にお礼を申し上げる。なお、以下の記述内容に関する一切の責任は筆者が負う。

遣者選考は、次のような手順で進められた。まずは各部内から派遣候補となる職員の選定の依頼をし、各部で人選をした。その後、各部から人事課へ候補者が提出され、人事課は候補者に対して現地の状況などの説明し意思確認をした。そのうえで、本人に了承を得た場合に派遣をしてきた。なお、2012 年度以降は、後述のように、通常の人事異動の手続きの中に派遣者選考が組み込まれている。

杉並区は毎年約 8 名を南相馬市に派遣してきた。杉並区が南相馬市に派遣した経緯は、杉並区が 2011 年には 5 月 9 日から先行役として 3 名の職員を派遣し、被災地の状況確認を開始したことにある。その後 2 週間の輪番制で 12 月まで職員を派遣した。復興計画づくりは輪番制では支援しつづけることが困難であったこともあり、南相馬市との間で派遣方式に関して協議を行い、9 月からは出張派遣から地方自治法に基づく派遣へと変更し、これ以降は長期派遣とされた。従来、区がホテルを確保してきたが、地方自治法に基づく派遣となったことで南相馬市側が住居として宿舎を用意した。

現在は、事務職は 4 名、その他は土木職、建築職が派遣されている。各職種と人数は、南相馬市から全国市長会に提出された要望に対応している。派遣は、まず杉並区長と南相馬市長の間で派遣についての了承した後、総務省スキームに基づき南相馬市からは職員数が提示され、南相馬市長から毎年 11 月に「中長期派遣について」という依頼文が杉並区長宛に送付される。これらにあわせて、杉並区側では、派遣職員に対する面談を通じて、南相馬市の状況を把握しつつ、翌年度も派遣継続を判断する。

杉並区から派遣された職員の南相馬市での業務は、事務職か技術職かで異なる。例えば、土木職と建築職は同じ技術職であることもあり、派遣期間の交代時に南相馬市での同一の業務を引き継ぐことがあった。他方、事務職は様々な業務を担当している。例えば、事務職の職員では災害復興計画の策定を担当した職員、除染対応への報道機関対応、一般的に住民票発行のように年度で様々であった。そのため事務職の場合は、杉並区からの派遣職員同士であっても引き継ぎを行うことはなかった、という。

また、南相馬市からの要請業務の中には杉並区で実施していないものもある。例えば、除染である。当然、杉並区には除染業務を経験した職員はいない。だが、経験がない業務であっても、これまでの杉並区で経験した業務を加味しつつ業務を引き受けることにした、という。例えば、ある職員は事務職であったが除染対策を担当した。その際、除染業務は行わないものの、過去に杉並区で広報業務などの経験があり市民対応も可能であることから、除染に関する報道対応や住民説明を中心に担当したそうである。現地では、夜間に開催される住民への説明会の運営を引き受けるなどの大変な負担があったようである。南相馬市の当時の除染対策室の職員には、過去に南相馬市から杉並区に派遣された経験をもつ職員もいたため、杉並区の事情もよくわかっていたことから、杉並区側に当該業務を担当する職員の派遣を依頼したようである。

南相馬市からはかねてから杉並区に職員が派遣されてきた経験がある。南相馬市の合併以前の原町市は、杉並区は友好都市であった。原町市から１年ごとに３名の職員派遣（研修派遣）を杉並区が受け入れていたのである。南相馬市となり研修派遣の受入れは途絶えていたが、現在は２名の職員を受け入れている。２年間の期間で事務職である。２名の職員は、職種の希望を受けて希望部署に配置をしている。なお、原町市から派遣された職員の中には、南相馬市において幹部職に就任したものもいる。

杉並区独自の取り組みも整理しておきたい。杉並区によるスクラム支援である。杉並区では、東日本大震災時に防災協定を締結していた南相馬市に対して、災害時の支援を送りたいという区長からの指示を受けて救援物資の送付を開始した。当時は、現状把握が困難な状況にあったこともあり、杉並区が個別に相互支援協定を締結していた五つの自治体に声をかけて、南相馬市への支援協力を求めた。例えば東吾妻町は杉並区が設置した宿泊施設を南相馬市の市民の避難所として提供する際、南相馬市の避難市民の搬送を行った。また、小千谷市は市内の民宿にバスを仕立てて移送した。つまり、杉並区と協定を締結しているものの直接的には南相馬市とは協定を締結していない自治体が協力して支援をしたのである。

被災地支援は、都道府県による支援が制度上の仕組みである。そのため、都道府県が介在しなければならない垂直的支援が中心となる。もちろん杉並区は、協定に基づき、被災地へ直接、職員派遣や物資派遣ができたものの、災害対策基本法や災害救助法では垂直的支援だけであった。特に、当時は経費負担の規定がなかった。そのため、杉並区や全国市長会、特別区長会等が水平的支援への財政的裏付けの確保や法改正の要請を行い、その後、水平的支援の努力規定を規定した災害対策基本法の改正につながった。

スクラム支援会議は、事務局が杉並区となり開催してきた。会議の議題や取りまとめを行ってきた。杉並区が声をかけたことで杉並区がハブにはなったネットワークを構築している。スクラム支援会議の成立後は、杉並区との新たに協定を締結した自治体（南伊豆、押尾村）と従来から締結をしていた自治体（青梅市と北塩原村）が参加し、九つの自治体がスクラム支援会議に参加している。

スクラム支援会議は南相馬市への支援を議題の中心として開催してきたが、2016年11月には防災担当者間での交流を通じて七つの自治体それぞれで防災力を高めることが議題となった。その結果、受援計画は7自治体で策定した。しかし、人口規模、財政規模、地勢的な特性が自治体間で異なるため、共通計画ではなく各自治体の域防災計画の中に受援に関する事項を記載することとした。さらに、2020年には人的支援編を策定した。

また、協定を締結しても協定だけでは財政支援の根拠となりえない。杉並区では条例を制定することで被災自治体への財政支出が可能となると考え、2013年に「杉並区災害時における相互支援に関する条例」を制定した。同条例は、五つの自治体間で雛形を用いて同じ内容を採用することとした。杉並区では危機管理対策課で原案を策定し法規担当部門で審査をした。南相馬市、名寄市、小千谷市、東吾妻町でも同一の条例を締結した。同条例に基づき、それぞれの市町が個々に別の支援をすれば、杉並区からも支援することが可能となった。なお、スクラム支援会議に加入する自治体は必ず条例を制定しなければならないわけではない。条例制定は各自治体の判断に委ねられている。

条例制定後は東日本大震災の被災自治体に対する支援を除いてスクラム支援会議としての活動実績はない、という。会議に参加している自治体それぞれの財政規模が異なっているという現状も関係しているだろう。ただし、支援には救援物資の支援だけが支援ではない。人の派遣や励ましのための事業もまた支援であるとの理解されているようである。

4.1.2 派遣中

杉並区から派遣された職員は、毎年度３月末に南相馬市に行き、４月１日に発令を受けてきた。ただし、杉並区は派遣される職員に対しては、通常の職員の内示よりも２週間前に内々示を出している、という。このように内々示を決めて３月中に現地に赴くことで、生活に必要な契約などを進めてきた。

杉並区から派遣された職員は、南相馬市の判断に基づいて配置される。例えば、復興計画策定に関わった職員は、企画課に長く在籍した経験をもつ職員であった。派遣時の職は、教育委員会で係長を務めていたものの、企画課時代には総合計画の実行計画の策定経験もあったことから、派遣時には計画策定を全面的にバックアップしたようである。また、技術職に関しては、再任用職員を派遣したことがある。再任用職員である建築職の職員は、着任以降、毎年度再任用が更新されて、南相馬市に５年間在籍した、という。建築職は３ヶ月の輪番で派遣した年もあったが、業務を行うには短すぎると判断された、という。そこで、現在のように再任用職員を配置することになった。なお、南相馬市には建築職が少なく若手職員がいるだけだったため、杉並区から当該職員が着任した際には、その経験をもとに職場内で指導的立場も担うことになった、という。

派遣された職員には区が定期的にケアを行ってきた。例えば、職員の入れ替え時には人事課が南相馬市に一緒に訪問した。これ以外にも人事課は慰労を兼ねて訪問をしている。また、土木系の担当部長や管理職は、これとは別に、慰労と復興状況の把握を兼ねて訪問もしている。これらは、派遣職員の健康状況を把握する目的から実施をしている。さらに、放射能の問題もあるためガラスバッチで１ヶ月ごとに検査をしている。派遣職員には、ひと月に１回は帰庁報告をすることを認めている。

現在は職員の人事異動の時期に希望者を募り、人事課が希望者に説明を行い、派遣者を決めている。現在では、上記の人事異動の際の希望書の欄に異動先の一つとして記載することで意識付けを行っている。事務系の職員の中には個人的には意思があるものの、家庭等の都合で派遣に至らないケースもある。技術系の職員は各部門内での人事で決められている。技術系の職員は杉並区での業務の継続性からも、次に行く人材を計画的に考えてきた。派遣の見通しがある技術系の職員には、事前に南相馬市に行き、現地の状況の説明を受ける機会が設けられている。

職員の派遣期間は１年ごとである。業務内容と本人の意思により延期をする場合もある。派遣期間の更新は職員自身の意思による。そもそも派遣職員は被災地支援という気持ちから派遣を決めているため、形式通りに１年で終わりということはないようである。

派遣職員の感想からは、現地では頼られたという感想がある一方で、復興計画を杉並区の職員が作ってもよいのだろうか、という葛藤を抱くものもいたそうである。派遣を機会に個人として南相馬市とのつながりを維持するものもいる。

4.1.3　派遣後

南相馬市から帰任した後は、土木職や保健師は南相馬市での経験を今後の災害対応に活用できそうであるものの、杉並区の日々の業務に反映しているという段階にはまだないようである。派遣から杉並区に戻ってきた職員のうち、木系や建築系の技術職は、元の部署に戻ることが原則である。他方、事務職は、派遣時には危機管理対策課付けで派遣するが、帰還後に危機管理対策課に戻る場合もあれば他課へ異動することもある。つまり、派遣の経験がそのまま帰還後の業務に反映するような配置を行っていない。

被災直後の支援期には、派遣職員に杉並区のパソコンを持参させ、宿泊施設から毎日の業務内容の報告を杉並区側が受けていた。中長期派遣への以降後は、区長への報告を行ってはいるものの、職員全体に対する報告の機会は設けてはいない。ただし、職員全体に南相馬市に派遣をしていることを知らせるために、派遣職員数は杉並区庁内のイントラネットで流している。また、派遣職員からは、南相馬市での業務が復興支援ではなくルーティンの仕事になってきていることや被災地支援ではなく区と同じ仕事であるという意見が出ることもある。

区民の理解を得るための方策としては、当初は区広報で派遣情報を掲載した。また、3.11にはセレモニーを開催したり、毎年の11月4、5日に杉並フェスタを開催しブースを出してきた。さらに、南相馬市への被災地支援として杉並区庁舎1階に募金箱を置いてきた。

4.2　世田谷区[31]

4.2.1　派遣前

世田谷区では、2012年度から職員の中長期派遣を開始し、毎年度、南三陸町と気仙沼市に派遣をしてきた。派遣職員数は毎年度異なっており、2012年度は南三陸町5名と気仙沼市1名、2013年度は5名と4名、2014年度から2016年までは、それぞれ4名、2017年度は3名と4名、2018年度はそれぞれ3名であった。

毎年度の派遣方式は、いわゆる総務省ルートのみを利用している。そのため、まずは総務省から全国市長会に依頼があり、その後、全国市長会から特別区長

31　本節は、2018年8月24日に総務部人事係及び危機管理室を対象に実施したインタビュー調査に基づきまとめたものである。ご対応いただいた担当者にお礼を申し上げる。なお、以下の記述内容に関する一切の責任は筆者が負う。

会に職員派遣の要請があり、特別区長会で派遣先、派遣者数等を調整している。これが公式ルート（総務省スキーム）となる。１年以上の中長期派遣の場合、特別区長会からは 23 区のブロック毎で派遣者数が予め割り振られることはなく、区ごとで派遣人数を決めている。

南三陸町と気仙沼市への派遣はいずれも期間が長くなってきたこともあり、現在は、南三陸町と気仙沼市から世田谷区に直接依頼が行われている。南三陸町と気仙沼市からの依頼を受けて、世田谷区では、派遣の必要数や配置の考え方、派遣職員の意向などを総合的に勘案して、次年度の派遣について整理していく。以上の作業が 11 月から翌年１月にかけて行われている。総務省スキームでは、１回目の派遣者の提出締め切りが 12 月中旬、２回目は１月下旬から２月上旬である。そのため、１回目の締め切りには間に合わない。そこで、毎年度、２回目の提出日に提出している。

世田谷区から南三陸町や気仙沼市には、総務省スキームの正式日程に先立ち連絡をする。派遣開始当初から、南三陸町や気仙沼市からは土木職等の技術職の派遣依頼があったが、世田谷区側でも、技術職は多くはなく、また、職員本人の派遣意欲はあっても、家庭の事情などもあり、特定分野の職員の派遣は厳しい状況にある。

南三陸町と気仙沼市への派遣のきっかけは、総務省スキームであったという。東日本大震災直後に、特別区長会の総会が開催され、特別区として支援協力を全力で行う旨を申し合わせた。その後、全国市長会から特別区長会と東京都に職員派遣の要請があった。東京都が、派遣する自治体と職員数の調整を行い、各区に照会された。派遣は、各区が輪番制で担当することとなり、世田谷区は南三陸町と気仙沼市を担当した。世田谷区と南三陸町と気仙沼市のつながりは、この時がはじめてであり、姉妹都市や交流関係があったわけではない。

発災直後は輪番制であったため、南三陸町と気仙沼市以外の自治体にも短期で職員派遣をしていた。派遣を継続するなかで、南三陸町と気仙沼市からの継続的な派遣の依頼があり、2012 年から中長期派遣へと移行した。派遣継続した理由には、短期派遣の時期に南三陸町には延べ160名、気仙沼市は16名を派遣しており、他自治体に比べて多くの人数を派遣し、両市町と職員派遣の関係性ができていたことが中長期派遣に移行した理由でもある、という。

世田谷区は職員派遣の候補者選定のため、庁内公募を実施してきた。日程は、毎年度11月上旬に庁内公募を開始する。あわせて、現在派遣されている職員に対する意向調査を行う。12月上旬には希望者と面談を行い、派遣の意向や職員の熱意を確認して、面談は年内に終了する。特段、資格の有無は問わないが、運転免許の有無は確認されている。特に南三陸町へ派遣した場合、職員住居が南三陸町に隣接する登米市にあるため、毎日自動車による通勤が必須となる。職員が単身であるか二人以上の世帯であるかは問わない。単身の場合には単身で派遣されるが、二人以上の世帯には単身、家族のいずれでも派遣する場合がある。

世田谷区の庁内公募制度では、資格有無の他にも応募要件は特段設けていない。中長期の派遣であるため、応募段階で条件を設けることで、職員が手を挙げにくくなると懸念しているようである。最初から間口を狭くすることがない仕組みである。世田谷区によると、震災復興に対する思いが大切と考えている、という。庁内公募で要請数を満たせない場合には、意向調査において被災地派遣を希望している職員に声をかけているケースもあるが、各職員の意思に基づいているのである。また、毎年度の応募には、過去に派遣経験がある職員が含まれていることもある、という。以上の結果をもとに、1月下旬から2月上旬に全国市長会に返答をし、南三陸町と気仙沼市への正式の回答も行う。

庁内公募制度の開始当初は、毎年度、多くの職員から応募があった。しかし、年を経ることごとに応募者数は減少傾向にあるという。そのため、人事課では庁内公募以外の意向把握の機会を設けるようになった。具体的には、一般的に秋口に毎年度実施してきた異動意向調査の中に、異動先として「被災地」の欄を設け、希望する職員が記入できるようにした。これにより、異動意向調査では派遣への意向を示しつつも、庁内公募段階では手を挙げていない職員に相談する機会を設けるようにしている。

これまでに応募してきた職員は若手職員から50代後半までと年齢と経験に偏りはない。職種では、事務系、技術系のいずれからも応募がある。手を挙げた職員の動機としては、世田谷区で働いていても東北が地元の職員もおり、地元の復興のために手を挙げる職員もいるようである。総じて言えば、過去に派遣経験がある職員が再度応募することがある。一度、派遣されると派遣先に対する思い入れが強くなり、もう一度行きたくなるようでもある。

4.2.2　派遣中

派遣任期は1年間である。だが、派遣された職員は2年間に延長する場合が多い。延長は本人の意向に基づき行われている。延長の理由の一つは、派遣初年度の職員の任期が結果的に2年間であったことが慣行として継承されていることである。そのため、任期が1年であっても2年が一般的という認識をもっているようである。もう一つの理由は業務への慣れと成果である。派遣された職員は、1年目は派遣先での業務や地域に慣れることがまずは優先される。そのため、1年目では業務の達成感を感じるまでには至らない場合もある。2年目になり業務の成果が出るという認識を持っているようであるという。

派遣期間中は、派遣職員の所属は派遣前の所属付とされており、人事課や危機管理系部門に異動することはない。この場合、派遣前の部署は派遣された職員分を定数外職員として扱い、派遣期間中は正規職員を配置している。派遣先での部署と職位は派遣先に委ねている。基本的には世田谷区での職位を派遣先の職位にあわせている。ただし、役職の名称が異なっているため、正確に一致するとは限らない。派遣職員の担当業務は被災地の支援が目的であることから、世田谷区から提示することはない。世田谷区からは派遣される個々の職員の職歴を示し、受入れ自治体の判断に委ねている。

派遣期間中の職員の異動は行われてきた。異動の際、派遣された職員本人の意向を確認し、本人が良いといえば異動を認めてきた。ただし、世田谷区から異動を要請したことはない。また、派遣された職員が自ら異動希望を出してきたこともない。職員たちは、被災地支援の思いから派遣に臨んでおり、特定の職場や業務内容を希望することはないようである、という。南三陸町への派遣は、現在派遣されている職員の「後任」となるパターンがこれまで継続されてきたため、同じポストに世田谷区から派遣されてきた。気仙沼市も概ね同様である、という。

派遣職員の給料は世田谷区が支払う。年度末には派遣先の自治体に負担金を請求する。その後、国から南三陸町と気仙沼市に支払われている。派遣職員の給料は区の給料表に基づき支払われている。派遣期間が 1 年を超える職員で毎年 4 月に昇給がある場合、派遣時の級・号給から変動する。世田谷区の財政負担は、ほぼない状態にある。唯一、独自に財政負担をしているものとしては旅費がある。派遣職員が区の研修に参加する際の旅費については、世田谷区が負担をしている。なお、世田谷区では、原則として毎月 1 回の帰庁報告を求めており、世田谷区に戻ってくる分の費用は派遣先の自治体が負担している。

派遣職員の宿舎は、被災自治体が準備している。その他生活に要するものとしては車があるが、各職員が個人で負担をしてきた。ある職員は東京で乗っている自動車を派遣先まで持って行った。また、現地で購入した職員や、さらには前任者が購入した車を後任者が引き継ぐ場合もあった。

心身の健康確保として、月 1 回の帰庁報告の機会を設けている。ただし、義務ではないため、毎月世田谷区にもどるかどうかは、各職員の判断に委ねている。これは、慣れない環境では気がはり、メンタルへの配慮から気分転換のためにも世田谷区に戻り、主に、派遣前の所属に説明をしてもらっている。人事課に報告がある場合もあるが、これも義務ではないため、所属元だけでの報告を終える場合が大半である。区長は、年 1 回、必ず被災地を訪問している。副区長は、都市整備部門の管理職と一緒に訪問している。

4.2.3　派遣後

世田谷区では派遣先で派遣職員が務める部署が固定している。任期終了後の引き継ぎでは、引き継ぐ側、引き継がれる側の職務の状況を考慮し、職員同士で適宜、電話や電子メールで連絡をしてもらい業務を引き継いでいる。4 月 1 日から派遣される職員は 3 月最終週に南三陸町と気仙沼市に行く。それに先立つ 3 月中には引き継ぎを行う。年休をとり、現地に訪問し引き継ぎを行う者もいる。

業務引継ぎのために年次有給休暇を取得するよう区からお願いすることはない。派遣職員では 4 月 1 日には帰れない職員がいたこともあった。4 月 1 日には新部署での業務が開始するが、帰任できない期間、4 月最初の週の数日は年休をとり対応をしたケースもあったそうである。

帰任後は基本異動となる。派遣前の部署に戻ることはない。帰任後の配属部署の実績では、様々な部署に配置している。派遣先では観光業務を担当した職員が商業関係に配置されたこともあるが、派遣先の業務とは関係がない部署に配置することもある。また、被災地に派遣されていた職員が派遣後に災害対策部門に必ず異動するということもない。

被災地の派遣経験は、今後のいざというときに頼りになるのではないかとの考えから人事配置をしているようである。東日本大震災以降の各地の災害に対して支援を考えた時、派遣の候補者として念頭に浮かぶのは、東日本大震災時に派遣された職員である、という。実際に熊本地震で派遣された第一陣の 9 名の職員の 1/3 は、東日本大震災の経験者であった。

職員向けには被災地支援業務体験研修を実施している。毎年、庁内で被災地支援に興味がある職員を募り 1 泊 2 日で被災地に訪問してきた。研修には人事担当者も同行し、派遣職員と公式、非公式に交流を行ってきた。この研修を 8 月末で経験した職員の中には、11 月に庁内公募に応募している職員もいる。意欲が職員にイメージだけではなく現場の実際の状況を理解し、応募者を募るための機会にもなっているという。

派遣の活動報告は、幹部職員と一般職員に対して年1回開催してきた。報告以外にも、庁内報で派遣先での業務内容を周知している。これにより、全庁で派遣職員の業務内容や日々の状況の理解につなげている。

4.3　江戸川区[32]

4.3.1　派遣前

江戸川区では、2011から2018年度まで気仙沼市に派遣を継続している。発災した2011年度は、複数の自治体に派遣をしている。具体的には、気仙沼市348名、仙台市17名、名取市1名、石巻市2名、福島県1名、相馬市2名、広野市3名、宮古市4名、岩手県8名、浦安市86名、山元町1名の473名を派遣した。2011年度当初の派遣は、短期の出張で対応をしてきた。2012年度からは総務省スキームに基づき中長期で派遣している。2012年度は25名（うち、常時派遣は9名以上）、2013年度が26名（うち、14名以上）、2014年度は26名（うち、14名）、2015年度は26名（うち、14名）、2016年度が20名（うち、13名）、2017年度は18名（うち、12名）、2018年度は17名（うち、4～9月11名、10～3月9名）である。派遣年数は年により異なることがあるが、他の22区と比べても江戸川区は一定規模の職員数を発災から現在まで継続的に派遣し続けている。

その理由として、江戸川区では、派遣に際して一人の職員が1年間という年度単位での任期を前提としていないことにある。つまり、同一の業務に対して一年度内で一定期間ごとに異なる職員を派遣している。また、気仙沼市での業務の継続性から、江戸川区では気仙沼市に迷惑がならないように引き継ぎを

32　本節は、2019年3月26日に総務部人事係を対象に実施したインタビュー調査に基づきまとめたものである。ご対応いただいた担当者にお礼を申し上げる。なお、以下の記述内容に関する一切の責任は筆者が負う。

慎重に行っている。具体的には、前派遣者と新派遣者の間での引き継ぎでは、両者が重複する期間を最大5日間設けている。例えば、前派遣者の任期最終日の2日前から新派遣者が気仙沼市に滞在し業務を引き継ぎ、新派遣者の任期開始後3日間は前派遣者が引き続き滞在している。このように一つの業務を一つの派遣元の職員が引き継ぎながら、業務を実施してきている点が特徴的である。

派遣先自治体である気仙沼市と江戸川区の関係は、東日本大震災までは関わりは皆無であった、という。派遣に至った経緯は、発災直後に東京都から特別区長会に対して被災自治体への職員派遣の依頼が契機であったことにある。当時、特別区長会は、東京都からの方針のもとに派遣対象となる被災自治体を各区に割り振った。江戸川区は、その際に気仙沼市を担当することになった。その他では、上記の自治体を担当した。当時の江戸川区長（多田正見氏）は、特別区長会の会長職にあり（任期2007年5月15日～2011年5月15日）、江戸川区として多くの派遣を行ったようである。特に、東京都から示された派遣の候補自治体の中では気仙沼市への職員派遣の人数が多く、江戸川区は気仙沼市を選択した、という。

派遣者の公募の事務局は職員課となっており、毎年度11月頃に気仙沼市から次年度に必要な業務内容と職員数の要望を受けてから開始する。同要望を踏まえて12月には庁内で周知する。職員課から所属長に対する依頼をする。派遣希望を示した職員には、意思を把握した後、勤務条件や当該職員の各種状況等を確認し、長期派遣の可否を検討する。派遣に関する職員選考の基準として、年齢、性別、家族等は設けていない。派遣職員への応募は、職員個人の意向に基づいている。

4.3.2　派遣中

派遣の任期は、事務職は1年間の任期が多い。また、技術職に関しては前述のとおり一定期間で区切りながら派遣する場合がある。江戸川区では被災自治体からの要望には可能な限り応えるように派遣をしてきた。要望の中には、1年間を同じ職員を派遣してもらいたい、というものもある。しかし、江戸川区の職員体制の現状や江戸川区で担当する業務、各職員の家庭の事情等から1年間の派遣が可能な職員は多くない。そこで1年度内で同一職員が派遣をできない業務には、同一年度内で複数職員を交代させながら派遣してきた。

派遣する職種は事務系、技術系のいずれもある。また、気仙沼市に複数回派遣された職員もいれば、派遣期間を延長した職員もいる。気仙沼市では、江戸川区で所属されている部署とは関連がない部署に配置されることもある。あくまで、気仙沼市からの要請を受けて、気仙沼市の判断により各部署に配置されている。

派遣する職員の中には日常的な業務を担当する場合がある。例えば、戸籍業務がある。日常的業務とはいえ、当該業務を担当することもまた復旧・復興による結果のためである、と理解しながら担当を引き受けている、という。特に、復旧・復興事業が進むなかで復旧・復興業務の内容も変化している。気仙沼市の専任職員がまずはこれらの業務を担当する必要がある。他方で、日常業務は職員が不足する傾向があった。日常業務もまた震災によって生じていた業務であるという理解から、そのためにも派遣職員が配置され、これらの業務を担当することの意義があると理解しているとのことであった。

このように、気仙沼市からの要請に基づいた業務を派遣した職員が担当しているが、気仙沼市で当初配置された部署から、当該職場での業務状況から他部署での勤務を求めるような調整することもある。技術系職員は業務の進捗度によっては派遣後に異動する場合がでてくる。派遣先自治体での異動がある場合、気仙沼市から江戸川区に対して事前に異動に関する協議が行われている。

派遣された職員は、月1回は、健康確保のために江戸川区から帰庁報告を求められている。その際、報告は派遣前の部署で行われている。江戸川区では派遣前の職場に配置されたままで、気仙沼市に派遣をしている。月1回の帰庁で対応するなかで、各所属長が個々の職員の心的状況等の現状を把握する。所属長から職員課に対しては、問題が生じるおそれがある場合には報告が行われている。派遣期間の延長を希望する職員もいる。派遣された職員へのケアとして職員課または派遣職員の所属長等が定期的に現地に訪問する。技術系の部署も係長が訪問する。派遣職員の状況を把握することが主な目的ではあるが、その際にあわせて、気仙沼市側が次年度も職員派遣が必要となるかの意向予定の確認を行う。その後、気仙沼市から11月頃に次年度の職員要請を受けている。なお、派遣された職員の宿舎は、気仙沼市が準備した災害職員用派遣宿舎を利用する。

4.3.3　派遣後

江戸川区側の都合で派遣期間が短期となる場合もある。そのため江戸川区では、前述のとおり、気仙沼市での業務の継続性から、気仙沼市に迷惑がかからないように引き継ぎを慎重に行っている。

江戸川区にとって職員派遣は、職員の人材育成につなげる思いはあるようだが、第一義的には困っているときに助け合うのは当然であるという意識が強く、その倫理観が職員派遣の動機とされてきたようである。そのためまずは、派遣を通じて得た体験を江戸川区に持ち帰ってくることが、職員派遣の効果になっていると考えられる。

4.4　中野区[33]

4.4.　派遣前

中野区では、2011年度から職員を派遣してきた。2019年度現在では、石巻市に2名、東松島市へ1名の計3名を派遣している。派遣の初年度は2011年度であった。2011年度は短期派遣であり、概ね183名分、総数では1909

33　本節は、2019年4月24日に総務部総務課及び危機管理課防災対策係を対象に実施したインタビュー調査に基づきまとめたものである。ご対応いただいた担当者にお礼を申し上げる。なお、以下の記述内容に関する一切の責任は筆者が負う。

人の職員を派遣した。派遣に係る費用は、中野区が自らで負担した。2012 年度からは地方自治法による派遣に切り替え、現在まで継続してきた。2012 年度から 2019 年度までに 73 名を派遣した。2012 年度から 2016 年度までは、石巻市、東松島市、亘理町、岩沼市に毎年度合計 11 名を派遣した。ただし、岩沼市は 2015 年度まで、亘理町は 2017 年度で派遣を終了した。この間、2017 年度と 2018 年度には楢葉町に 1 名の職員を新たに派遣した。

職員の職種は、事務系の職員が中心であるものの専門職も派遣してきた。例えば、石巻市には、2014 年度から 2016 年度の間、市街地再整備事業を担当するため土木職の職員が 1 名、2015 年度から 2019 年度の間は公共施設の復旧のため建築職を 1 名派遣した。その他では岩沼市に 2012 年度から 2015 年度まで福祉職を派遣した。

中野区が派遣を開始した経緯は、前区長の決断と区側からの積極的な支援提案があった。発災直後、区長を本部長とした被災支援対策本部を設置した。震災が発生した 2011 年 3 月に区長は、中野区医師会とともに宮城県沿岸部の被災地を次々に直接訪問した。被災地には事前の訪問予定も告げず飛び込みであったそうである。区長は中野区ができること、支援できることを聞くなかで、中野区としての支援の必要性を強く感じた、という。その後、当時の副区長と管理職が 4 月に 3 日間をかけて各自治体を再び訪問した。まずは、岩沼市、山元町、亘理町に訪問した。いずれの自治体にも事前には訪問のアポイントをとらず訪れた。亘理町からは支援をしてもらうためには受入れ側の準備が必要であると述べられた、という。そこで必要な業務を整理したうえで、後日、中野区に連絡をすることとなった。山元町からは人的支援要請はなく、物資派遣だけの支援要請を受けた。その後、岩沼市、山元町以外にも支援をする必要とする自治体があると考え、沿岸を北上し、東松島市を訪問し派遣要請を受けた。

以上の訪問を通じて、東松島市、岩沼市、亘理町からは、中野区からの支援を受けたいという意向を確認することができた。各自治体とは復興支援の協定を提携し、職員を順次派遣した。また、その他の被災自治体である石巻市と楢葉町には、特別区長会からの支援要請を受けて派遣を開始した。いずれの自治体も発災前には全く交流がなく、派遣を開始することになるとは想定もしていなかった、という。

中野区ではこのように自主的支援を開始し、従来からの交流もなかったため、先方に負担をかけないことを派遣の基本方針とした。例えば、2013 年度までは、派遣職員の宿泊先の確保も中野区の負担で臨んだ。岩沼市では旅館を長期に貸りたものの、その後は、国による財政措置が整ったこともあり被災自治体側が応援職員の宿泊施設を用意した。地方自治法派遣のため中野区での給与額が派遣地から支給されているが、費用は全額国から交付された。他方、短期派遣分は中野区が負担をした。

2011 年度は、短期派遣であったこともあり必要な職員を確実に確保する必要があった。そのため各部に必要な人数を割り振り、派遣者を集めた。2012 年度からは地方自治法の派遣に切り替えたことに伴い、区内での対象者の選考方法を通常の人事異動の中に組み入れる方式とした。

中野区では、毎年度の人事異動の際には、職員が異動希望調査書を提出する。その異動希望調査書に、派遣希望のチェック欄を新たに追加し、2013 年度の派遣時から派遣希望の確認を開始している。具体的には、次のような手順である。毎年度 12 月には、職員本人が異動希望調査書を提出する。その後、概ね 1 月に人事係に全ての職員の申告書が集まる。そして、人事係では、当該年度での退職者数、次年度の採用者数、全体の勤務状況等を踏まえて、各部の職員の異動候補を調整する。この調整の段階で申請書のチェック欄で派遣希望にチェックをした職員の中から、被災地に派遣する職員を確定してきた。

通常の人事異動の手続き以外には、公募制は用意しているが毎年度行われてはいない。人事係に提出された異動希望調査申告書で派遣希望者の人数が必要となる職員数に満たない場合に 1 月に実施することを予定してきたが、これまでは毎年度、異動希望調査書の提出段階で必要人数を超過してきた。

派遣された職員の職位は、係員級の職員が多い。派遣の希望確認は異動希望調査書に基づくため、予め派遣される職員の候補者を、職層や年齢、性別、家族状況等で限定していない。異動希望調査書に基づく選考段階でも、職層や年齢、性別、家族状況等の基準を設けてはいない、という。中野区では、これまで多くの職員から派遣希望があった。職員の職務経験、現在の職場での仕事内容、他職員の業務とのバランスから選考してきた。

派遣された職員の年齢構成は、20 代から退職間際の職員までと幅広い。家族形態は単身者、核家族世帯等、派遣された職員によって異なる。派遣開始当初は、相部屋で滞在する必要があったため、女性職員は派遣の対象外とした。現在では、相部屋の問題は解消されたことで、性別による差異は設けていない。さらに、当初は交通機関がなかったこともあり、運転免許証の保有者を派遣してきた。しかし、地方自治法派遣に切り替わってからは、これらの制限もなくなった。

地方自治法による派遣以降は、業務内容がほぼ同一であり職員数も同一であった。業務内容は、派遣後に被災自治体が決めている。そのため、中野区側で業務内容に基づき職員を選考することはない。ただし、専門職を要する業務は別枠を設けてきた。専門職は被災地からは職種の希望が示された場合、あらかじめ被災自治体から必要な職種を確認したうえで、中野区で勤務する該当する職種の職員を確認し派遣をしてきた。

4.4.2　派遣中

以上のように、派遣された職員の被災地での業務に関しては、中野区から業務内容を要請することはない。業務内容は、全て被災自治体側に任せているのである。概ね派遣期間中は同じ業務を担当してきており、派遣期間中での変更はない。

派遣された職員は、被災地でも中野区での派遣前の職位で勤務している。派遣時には派遣前の職場から異動し総務課付として派遣される。派遣後の前職場の欠員分は、全体の人事異動の中で、欠員分を当ててきた。

派遣協定では、派遣期間は 1 年間とされている。しかし、結果的に一人の職員が3から4年間派遣されている場合がある。毎年度、被災地には中野区の職員を派遣してはいるが、毎年度新しい職員が派遣されているわけではない。継続者がいることで派遣が継続されている現状がある。人事係では3年間が派遣期間の一応の目処とはみてはいるようであるが、被災地から中野区に帰任した場合、新たに派遣する人員を確保しなければならないこともあり、毎年度、新しい職員に交代ができない状態にある。

派遣期間中には職員には月1回の帰庁を求めてきた。帰庁後は、総務課の上司に帰庁報告をしてきた。この報告時には人事係が立ち会うことはない。派遣されている職員には、日報と月報の提出を求めており、人事係ではこれらを通じて派遣中の業務内容、残業状況、心的状況等を把握している。報告等では、被災自治体内での業務変更や異動希望は出ることはない。中野区への帰任の希望が出た場合には、これに対応する。

また、不定期ではあるが管理職が被災地を概ね年度末に訪問してきた。また、毎年3月11日は区長、副区長が訪問してきた。その際、職員の現地での心的状況を把握する。2015年度までは、区長との懇談会を開催してきた。

4.4.3　派遣後

帰任の決定は、全庁的な内示の時期である3月に行われる。ただし、被災地から戻る場合、東京での住居が必要となるため、2月段階で本人に帰任を通知してきた。業務の引き継ぎは、派遣先自治体側に任せており、新たな職員が着任後に現地で引き継いできた。新しい応援職員は、前任者と同一業務を担当することになる。中野区職員間で業務が引き継がれることになるが、派遣帰還前に新任者が現地に訪問したり、前任者が派遣期間後も滞在をしたりしながら引き続くことはない。短期派遣の時期は、最後の1日を重複して引き継ぎをしていた。派遣者間では、中野区で毎年開催している復興祭で、情報交換が行われている。

帰任後の職員は様々な職場に配置されている。被災地での経験を踏まえて、防災関係に配属された職員もいたものの、被災地での業務経験をもとに当該業務に関連する職場に配属するとは限らない。被災地に勤務している職員には、帰任後の職場は本人の希望を踏まえながら配置をしている。帰任後の職場の希望は、通常の異動希望調査書をもとに把握する。しかし、希望を反映しようにも受入れ側の空きがなければ異動はできないこともあり、部の職員定数の枠内で希望を加味しながら配置を試みる。

中野区では現地レポートを作成し、公表している。これらは、区民に向けた広報を目的である。内容は、現地の職員が現地を紹介する形式である。

4.5　4区の事例のまとめ

これまで4区のそれぞれの派遣の仕組み等を記述してきた。各事例の実績からは、次のような共通性や特徴が整理できる。

まず、派遣前の特徴である。いずれの区でも派遣先自治体からの希望に応じられるように派遣職員を準備すること、そして、その際には職員本人の意思を尊重することは共通している。他方､派遣者の選定方法は各区で異なっていた。通常の人事異動手続で派遣を確定する場合もあれば、庁内公募方式を利用する場合もある。例えば、中野区では、通常の人事異動では異動希望調書を提出する際に、被災地への派遣希望の項目を設けた。人事課は派遣希望者に対して、意向確認と現地の状況の説明を行い、派遣候補者として確定していく。他区では、異動希望調書の提出を求めるものの、通常の人事異動時の希望調書提出の時期後に、別途、被災地への異動調書の提出を求める場合もあった。このように、職員の派遣希望を把握する時期や方法には相異はあるものの、いずれの区も職員本人の意思や生活事情等に基づくことでは共通している。

派遣方式では、いずれの区でもいわゆる総務省スキームを用いてきた。各区からの派遣に際しては、まずは派遣先自治体から派遣者の経験や専門性、職種等の希望を把握する。これは、各区が派遣先自治体の希望に極力対応できるようにするためである。各区では、実際にもこれらの要望に応じられるように派遣者の人数や職種を選考してきた。他方、希望に応じた派遣者を毎年度一定数確保することには苦心していることもインタビュー調査からはうかがえた。そのためにも、各区では様々な工夫がされている。例えば、世田谷区では、次年度も派遣を行う場合、まずは現在派遣されている職員に継続の意向を確認し、派遣中の派遣期間を延長することで、派遣先の自治体の希望に応じてきた。さらに、庁内公募公式を採用する場合に応募要件を定めないことで、職員が手を挙げやすくする工夫もされている。中長期での派遣職員を確保するために、同一の業務に対して一年度内で一定期間ごとに異なる職員を派遣している区もあった。

次いで、派遣中の特徴である。いずれの区も派遣職員の業務内容は派遣先自治体に委ねていることが共通している。つまり、区側からは派遣先自治体での派遣職員の業務や所属組織を希望することはない。これは復旧・復興を目的とした派遣であり、派遣先自治体の業務の事情に委ねているのだろう。ただし、技術職は、派遣元自治体と派遣先自治体での業務の共通性は高く両者での業務の継続性が高い。他方、事務職は、派遣先自治体で様々な部署や業務を担当しているようである。だが､杉並区へのインタビュー調査の中で語られたように、派遣元自治体での業務経験が全く考慮されてないわけではないようである。

派遣期間中には、派遣職員に対して定期的なケアが行われていることも、各区で共通していた。例えば、定期的な帰庁や業務報告は各区で行われている。さらに、人事担当部門、派遣時の所属長のみならず、区長・副区長が派遣先自治体にも訪問し業務の報告を受けつつ、派遣職員の現地での心的状況を把握するケースもある。

最後に、派遣後の特徴である。帰任時の業務引継ぎ方法は各区で様々であった。その中で、江戸川区のように、派遣者の任期最終日の２日前から新派遣者が滞在し業務を引き継ぎ、新派遣者の任期開始後３日間は前派遣者が引き続き滞在することもある。

帰任後の人事配置では、事務職に関しては、派遣先自治体での業務に関連する部署や業務に派遣後すぐに担当してはいないようではある。また、人事担当部門では、派遣された職員の帰任後は、当該職員から配属希望を聞きながら異動希望を尊重しようとする姿勢がインタビュー調査からはうかがえた。ただし異動希望がそのまま反映されるとは限らないようである。区全体の人事配置との兼ね合いから、帰任後の配置が判断されていることでは共通していた。

派遣された職員が派遣先自治体で得られた知見や経験の共有方法では、各区で取り組みは異なっていた。例えば、杉並区のように区の広報で派遣情報を掲載したり、中野区のように現地レポートを作成する区がある。他方、派遣された職員の負担を考慮し、報告会、報告論集等は作成しないとする区もあった。

4 区へのインタビュー調査からは各区が派遣先自治体の事情や意向を丁寧に把握し派遣を継続してきたことがわかる。さらに、インタビュー調査では派遣先自治体の姿勢も把握できた。派遣先自治体は派遣元自治体に一方的に必要性を求めるだけではなく、派遣元自治体の職員事情を考慮しながらの要請であることもうかがえた。このような、双方向での応じあいや支えあいの関係性があることで、派遣が継続されているのであろう。

第５章　職員から見た応援職員

本章では、派遣元及び派遣先自治体、それぞれ当事者の視点から応援職員について考えてみたい。事例として取り上げられるのは、派遣した自治体として福井市、受け入れた自治体として岩手県（及び大槌町）及び南相馬市であるが、同時に当該自治体で何らかの形で応援職員に係る業務に携わった当該職員の思いにも着目する。これによって各自治体もしくは地域を背景とした応援職員の姿を垣間見ることができよう。

5.1　福井市

5.1.1　フェニックスのまち　福井

福井県福井市は、不死鳥のまちと呼ばれている。1945年７月の空襲、1948年６月の福井大震災、同年７月の豪雨水害など度重なる災禍にあったが、市民の不屈の精神により、まちは復興し、今日の「不死鳥のまち福井」を築き上げてきた。市内の道路名には「フェニックス通り」、市民総参加の夏祭りは「フェニックスまつり」、イベントなどが行われる公共施設は「フェニックスプラザ」と、至る所に「フェニックス」が、そのため、フェニックスの逆の意味で災害にあってきたまちということを、小さい時から感じていた。

5.1.2　災害との関わり

まず、自分自身の災害との関わりを話したい。1988年４月に福井市役所に入庁し、7年目の1995年1月に「阪神・淡路大震災」が発生した。職員組合青年部の一員として約1週間災害ボランティアに参加した。神戸のまちの被害は甚大で、ビルがつぶれていたり、傾いていたり、さらに道は大きく波打っていて、本当に信じられない光景だった。被災地での私の仕事は、自衛隊のお風呂支援の受付補助や支援物資の受け取りなどであった。自治体から多くの職員が神戸に来てその復興のため働いていた。これが災害との初めての関わりだった。

5.1.3　福井でも相次ぐ災害が

大震災から3年後の1998年1月、日本海沖でロシア船籍タンカーが座礁したナホトカ号重油流出事故が福井で起こった。阪神・淡路大震災から3年しかたっていないこともあり、ボランティアに対する関心も高く、全国各地から個人、企業、各種団体、そして公務員など多くのボランティアが福井に集まり、その数は延べ30万人に上った。この時、私は現地対策本部で会議運営の業務に当たっていた。災害現場に出向くことも多くあった。1月の福井の天候は手袋をしていても指が固くかじかむ寒さで、雨に打たれながら重油の除去作業をしているボランティアの方々を目の当たりにし感謝しかなかった。また、近県の自治体からも多くの職員がボランティアに来てくれた。あれは確か富山市の職員だと思うが、たぶん富山を朝6時には出発して、8時から現場に入り、夕方日が暮れるまで、お昼休みも食事の時間だけとって、休む間もなく黙々と柄杓（ひしゃく）で重油を回収していた姿は、今でも目に焼き付いている。

さらに、それから6年後の2004年7月18日、福井豪雨が発生した。福井市の時間雨量は最大75㎜。市の中心部を流れる足羽川（あすわがわ）が決壊し、濁流は住宅街を飲み込んでいった。その模様は、地元のケーブルテレビの定点カメラにはっきりと映し出されていた。福井市内では3,200棟が床上浸水、8,000棟以上が床下浸水の被害に見舞われた。災害発生が、夏休み時期だということもあり、20日間で県内外から延べ6万人のボランティアの方が、土砂やがれきを運び出す復旧作業に当たってくれた。

特に、ゴミや泥が道路わきに大量に出され、泥に浸かった家具や畳、電気製品などが公園に運び込まれていた。特にゴミの回収が大きな課題であった。そんな中、100以上の自治体からパッカー車やダンプが福井にやってき来てくれ、ゴミを回収するだけでなく、搭載したまま自治体に持ち帰ってくれるなど、災害発生翌日から、本当に多くの県外ナンバーのパッカー車が市内をひっきりなしに走っていた。

私自身、市役所に入庁してから、多くの災害を経験し、本当に民間の方々のボランティア活動とととともに、自治体職員の多くの支援に対して、ありがたさを感じ、いつかは恩返しをしたいと思っていた。

5.1.4 「３．１１」

2011年３月11日、東日本大震災が発生した。望遠カメラで映す輪郭が揺らぐ原発の爆発、テレビ画面を右から左へ、左から右へと走る車の向こうに迫る見たこともない高さの津波、津波に飲み込まれる空港、次々と流されていくミニカーのような車、テレビに映る光景は、想像を絶するもので、現実とは思えない、これは映画を見ているのかと錯覚するような感覚でテレビを見つめていた記憶がある。

発災直後、福井市では企業局が日本水道協会中部地方支部からの要請を受け、３月12日から４月１日まで岩手県陸前高田市に給水車とともに職員を派遣し応急給水活動を実施した。また、福井県の要請により同市へ緊急消防援助隊福井県隊として職員を、福井県健康相談班のメンバーとして宮城県に職員を派遣した。さらに下水道部が下水管路の被害状況調査のため近畿ブロック支援班として宮城県栗原市に職員を派遣した。

5.1.5　本格的な職員派遣が始まる

2011年度の職員派遣については、私が2012年４月に人事異動で職員課主任（課長補佐）になったときに引き継いだ内容と資料に基づいて報告したい。

2011年度に入り、全国市長会から中長期職員の派遣要請があった。発災当初に陸前高田市に職員を派遣していたこともあり、同市への一般事務職員（家屋評価業務）の派遣を希望したが、全国市長会からは、陸前高田市の派遣は名古屋市が対応する旨の回答があり、派遣先を変更することになった。

全国市長会からの新たな派遣要請に対して、派遣する職員数と職種については、第3次定員適正化計画の削減人数や次年度の採用職員数を考慮し、全国市長会への回答としては税務関係の一般事務職2名、土木職1名、建築職1名を派遣可能とした。ただ派遣職員の負担や不安の軽減、派遣先は同一県へという考えのもと、業務内容を確認し宮城県の塩竈市と東松島市とした。その結果、宮城県塩竈市から正式に建築の派遣要請があり、30代半ばの若手を職員課で選び2011年8月1日から半年間派遣した。その際、派遣前の7月28日の市長定例記者会見では、派遣について発表するとともに、市長が「今後、新たな派遣要請があれば、可能な限り応えていきたい」との発言があった。

2011年の秋、次年度の派遣について塩竈市から連絡があり、建築職1名による小中学校施設の復旧作業ではなく、2012年度からは魚市場等の解体及び

（参考）震災被災地への派遣職員実績　　　　**（単位：人）**

派遣先自治体	2011年度	2012年度	2013年度	2014年度	2015年度	2016年度	2017年度	2018年度	延べ合計	実数合計
塩竈市（建築）	技師A（8-3月）	技師B（4-9月）副主幹C（10-3月）	技師D	技師E	主査F	主幹（元副主幹）C	主幹（元副主幹）C		8	6
東松島市（事務）		主事A（10～3月）							1	1
福島市（土木）			技師A	主査B	主査C	副主幹D			4	4
釜石市（事務）			主事A	主事B	主事C	主事D	主幹E	主幹E	6	5
合計	1	3	3	3	3	3	2	1	19	16

（注1）平成25年度の異動希望（26.4異動）から被災地派遣の項目を追加
（注2）塩竈市及び福島市の技師A、東松島市及び釜石市の主事Aは同一人物ではない。
出所：福井市内部資料

新規整備事業の業務に変更し、継続的な派遣をお願いしたい旨の依頼があった。福井市としては、派遣当初から長期的、継続的な派遣も視野に入れていたこともあり、その要請を受け入れ、継続して派遣することとなった。なお2012年度は、6か月交代で2名の職員を派遣した。

5.1.6　職員派遣に携わって

私が職員課に異動した2012年度当初は、塩竈市への職員派遣のみであったが、5月中旬に、全国市長会から要請があり、市では当初の考え通り、塩竈市と同じ宮崎県東松島市の事務職の派遣を希望した。その後、宮城県から東松島市への税務業務への職員派遣依頼があったため、年度途中となったが、2012年10月から半年間、事務職1名を派遣した。派遣した職員は、税務業務に精通していることに加え、作業量が多いことが予想されたため、できるだけ若手の職員を派遣しようと、入庁4年目であるが、税務業務にたけた職員を候補とした。その後派遣について本人に確認したところ、「テレビや新聞で被災地の状況が伝えられるたびに、何か力になりたいと考えていた。復興に携わることができる貴重な機会だと思う」と快く派遣について承諾してくれたのを覚えている。

2013年度における職員派遣については、被災自治体と支援都市がペアリングする対口支援となり、被災3県が福井県に派遣要請を行った。支援都市は、岩手県は陸前高田市と釜石市、宮城県は塩竈市、福島県は福島市となり、東松島市は指定自治体ではないことから、2012年度をもって派遣を終了した。

2013年度の3県への職員派遣については、既に宮城県塩竈市に2011年度から継続して建築職1名を派遣しており、岩手と福島の2県について職員派遣を考える必要があった。市が派遣を予定していた職種は、一般事務職と土木職であった。一般事務職は岩手県の陸前高田市と釜石市、そして福島市から派遣要請があり、土木職は、福島市から派遣要請があった。

土木職の要請は、福島市のみであったことから、まず、福島市への派遣が決まり、残りの一般事務職については、岩手県の陸前高田市か釜石市が候補となった。ただ、福井県内の市とは担当職員（課長補佐）と職員派遣について定期的に電話やメールで情報交換をしていたこともあり、陸前高田市には鯖江市が 2012 年度に引き続き職員の派遣を考えていたことから、福井市としては、一般事務職として釜石市に派遣することを決めた。

釜石市については、居住場所が、仮設住宅ということで不安があったが、前年度に小浜市が職員を派遣しており、暮らしや業務内容、派遣先での生活についても情報を得ることができ、派遣の不安を多少払しょくすることができた。派遣する職員にも詳細な情報提供でき、安心して釜石市に行けたのではないかと思っている。

5.1.7　派遣職員の想いが、1 年派遣へ、そして公募へ

派遣期間は当初、職員の負担も考え 6 か月間として、派遣職員にも伝えてあり、後半の人選も内々で決定していた。そんな時に、派遣先から、担当事業が本格化してきたことや、役所内外での人間関係や信頼関係が構築されてきた事などを理由に派遣期間の 6 か月から 1 年間への期間延長の要望があった。市として、本人に確認したところ、「担当業務を途中で投げ出すことになる」、「年度途中に業務を引き継ぐことで、被災地職員の負担が増える」そして、「自分自身にとって派遣先で仕事をすることは貴重な体験であり、是非 1 年間業務に当たりたい」と、3 人が期間延長を希望した。人事担当としても、「被災地の意見を十分に聞き入れたいこと」、「職員 3 名が業務への強い意思と被災地復興への使命感を持っていること」、派遣先で面談したところ、各職員とも心身ともに健康状態も良好であることから、派遣期間を 6 か月から 1 年に変更した。

このように、2013 年度までの派遣職員の人選については、職員課が主導であった。年齢は 30 代前半までで、業務に精通していることに加え、コミュニケーション能力があり、メンタルの強い職員を基準に選考した。2014 年度は、異動方針を課内で協議する際、派遣職員への聞き取り、派遣先で仕事をする職員には主体性と使命感の強い職員こそ現場に派遣すべきという結論になり、年

末に公表する異動方針の中に「被災地への派遣」項目を掲載し、希望者を募ることになった。募集要項としては、派遣期間は１年間。派遣対象職員は、35歳程度までの若手職員とした。2014年度の希望職員数については、一般事務は複数の職員が手を挙げた。建築職、土木職については、全体数が限られていることや事業への支障が起きないよう関係部長や所属長にも声掛けしながら職員の募集を行ったことを覚えている。

5.1.8　派遣職員へのケアと異動先について

派遣に関して特に気にかけていたことは、職員の体調とメンタル面である。全国的に派遣直後から派遣先で職員が体調等を崩したり、精神的に不安定なったりしているとの報道も多く見られた。その対策として、３か月に一度の福井市への業務報告の際に、職員課で業務内容の聞き取りに加え、安全衛生室の室長による面談を必ず実施し、メンタルケアにも万全を期した。さらに、夏頃、総務部長が、派遣職員の慰問にも行くなどして、直接本人から仕事面や生活面での聞き取りも行った。

派遣職員の終了後の異動については、派遣前の所属への在職期間や、本人の希望をある程度考慮して配属を決定していた。一般事務は、ある程度の知識を有した職員を派遣することになるため、所属歴が長くなり、ほとんどの職員が新たな所属に異動している。建築は職員数が限られていることから、派遣前の所属に戻るケースが多かった。

このように、私は2012、2013年度の２年間被災地への職員派遣の業務に関わることができた。これまで他自治体職員の方々からいただいた温かい想いに対して、自分なりにほんの少しだけ恩返しができたのではないかと思っている。しかしながら、東日本大震災が発生して、10年余りが経つが、復興はまだ終わってはいない。私たち国民一人ひとりが引き続き、この復興に一緒に取り組む姿勢を持ち続けることが大事だと思う。

「３．１１」を私たちは決して忘れてはならない。

5.2　岩手県

5.2.1　はじめに

2011年当時、岩手県庁の人事課に在籍していた私は、東日本大震災発災後、県庁各部門の復旧・復興関連業務に要する人員の調整や組織の設置に従事するとともに、必要な人員確保のため、他自治体からの応援職員の受入れ調整に携わった。

その後、2013年度から2年間は、被災市町村の中でも特に被害の大きかった大槌町へ派遣職員して支援に入り、地域防災やコミュニティ形成支援などに取り組んだ。

このように、岩手県職員として県が行う復旧・復興業務に必要なマンパワー確保に携わるとともに、その後立場を変え、被災市町村における応援職員受入れの状況を間近に見ながら、自身も応援職員として業務に従事した経験から、東日本大震災当時の自治体における応援職員受入れの状況の一端を御紹介したい。

5.2.2　岩手県における応援職員受入れの実態・実例

5.2.2.1　岩手県の被災状況

東日本大震災により、岩手県では2020年2月末時点で、5,143人の方が亡くなり、未だに1,112人の方が行方不明となっている。また、約2万6千棟の家屋が被害を受けたほか、水産業や商工業などで約8,300億円[34]、河川、海岸、道路施設など公共土木施設で約2,600億円[35]と、被害額は1兆円を超え、ハードの面でも大きな被害を被った。

34　2011年11月25日現在岩手県災害対策本部調べ。

35　2011年7月25日現在岩手県災害対策本部調べ。

こうした甚大な被害をもたらした東日本大震災からの一日も早い復旧・復興を目指し、防潮堤の整備や災害に強い交通ネットワークの整備といった「安全」の確保、災害公営住宅の整備や被災した病院の再建などの「暮らし」の再建、水産業をはじめとする一次産業や商工業への支援などの「なりわい」の再生といった、それぞれの分野において膨大な業務を進めていく必要があった。一方で、大震災の前まで職員規模の縮減を続けてきていた本県にあって、これら増大した復旧・復興業務を担うマンパワーの確保が喫緊の課題であった。

5.2.2.2　岩手県におけるマンパワー確保の取り組み

(1)　応援職員の受入れに係る一元的な調整

岩手県では、発災直後の 2011 年度に、延べ 39,750 人日の派遣応援をいただいた。当初、他県応援職員の受入れ窓口に関して、人事を所管する総務部と、全国知事会業務を所管する政策地域部とで庁内調整が不足したため、一時作業が混乱した。そうした中、2011 年度にあっては、他県応援職員のうち、派遣期間が長期に及ぶものの受入れは、土木職などの技術職が先行して進められ、他県との受入れ調整や職員派遣協定の締結手続きは、農林水産部と県土整備部が中心となって行われた。

2012 年度からは、応援職員の受入れ窓口を人事課に一本化し、他県との職員派遣協定の締結などの関連事務も、一括して人事課において処理することとなった。また、人事課が中心となって知事部局全体のマンパワー需要を集約し、全国知事会のスキームを活用して、派遣要請と受入れ調整の事務を進める体制となっていった。

受入れ当初の段階では、全国からの応諾数が要請数に届かなかったことに加え、応諾があったものに関しても、複数の応諾が集中する案件がある一方、まったく応諾がない案件が生じるなど、人数、職種、所属、派遣期間などの面でミスマッチが生じることも多かった。人事課ではその都度、応諾のあった部署とは異なる部署への配置など、派遣団体と受入れ所属との間の調整を行ったほか、派遣団体との派遣契約の締結、派遣職員の住居の確保など、様々な調整作業で多忙を極めた（**図表 5-2-1** 及び **図表 5-2-2** 参照）。

図表 5-2-1　派遣要請数と応諾（受入れ）数（2012 年度以降）（単位：人）

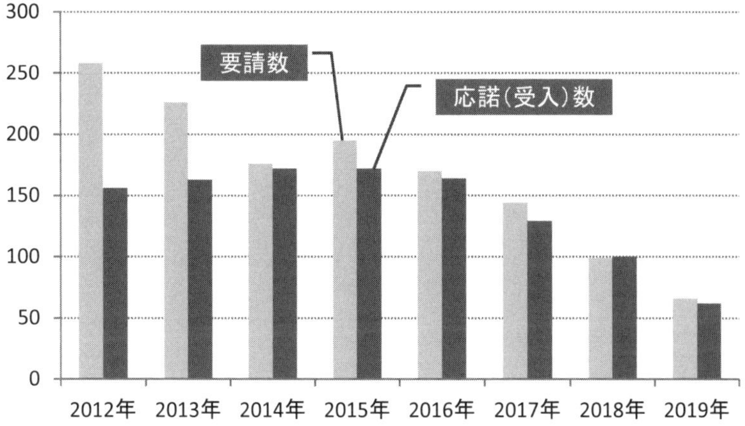

出所：岩手県（2020）

図表 5-2-2　職種別の応諾（受入れ）数　　（単位：人）

職種/年	2012	2013	2014	2015	2016	2017	2018	2019
事務	47	54	58	62	64	49	43	26
土木	63	56	58	57	56	45	39	26
農業土木	15	19	18	17	13	10	0	0
建築	8	10	12	13	7	5	4	1
林学	6	10	9	9	10	7	6	3
水産	3	2	5	3	2	1	1	1
その他（電気・機械等）	14	12	12	11	12	12	7	5
合計	156	163	172	172	164	129	100	62

出所：岩手県（2020）

(2)　県独自のマンパワーの確保

全国自治体への派遣要請と併せ、本県としても独自にマンパワーの確保に取り組んだ。

一時的な行政需要に対応するため「一般任期付職員」を本県として初めて採用することとし、2012年度以降、土木職を中心に延べ399人の任期付職員を採用した。また、採用した職員の任期を延長し、その一部については任期の定めのない職員として採用するなど、継続的なマンパワーの確保に努めたほか、再任用職員については、これまでの短時間からフルタイム任用を原則として、その確保に取り組んだ。

このほか、民間企業職員の受入れや、復興事業におけるUR都市機構によるCM方式[36]の導入などによる外部委託の推進など、県以外の力も積極的に活用した。

(3)　継続的に職員を確保するための取り組み

全国知事会などを介した派遣スキームが定着するとともに、庁内においても調整の手続きが確立してきたことにより、応援職員の受入れ事務が軌道に乗ってきた一方で、長期に及ぶ復興事業に対応した、継続的なマンパワーの確保が課題となってきた。

このため、派遣元自治体の人事担当者に復興の状況を知っていただく復興現場見学会の開催や、県幹部職員による派遣元自治体への継続派遣の要請活動など、被災地域の現状や継続的なマンパワーの必要性を訴える取り組みを積極的に行ってきた。

こうした取り組みに加え、県独自のマンパワーの確保をより強力に進めるため、東京都をはじめ、総務省や復興庁の協力のもと、宮城県、福島県とともに、東京都において被災３県合同の任期付職員採用説明会を開催してきた。

36　コンストラクションマネジメント方式。専門のコンストラクションマネジャーが、発注者や設計者と一体となって事業全体を運営管理する方式。

(4)　応援職員に対するケア

全国から応援の職員を受け入れる中、慣れない地域で暮らす職員を支える取り組みも行ってきた。

定期的に県内の応援職員を対象とした研修会を開催し、ストレスの対処方法などに関する講義を行うとともに、応援職員同士の情報交換や交流の場を設けてきたほか、慣れない雪道での運転による事故を防ぐための冬季安全運転講習の開催や、職員が派遣元自治体において被災地の復興の状況を報告する場合の旅費の支援を行ってきた。

また、県政番組や県広報誌、職員情報誌での応援職員の活動状況を継続的に紹介してきたほか、2017 年度に本県で開催された全国知事会議では、派遣元の知事による激励の場を設けるなど、応援職員のモチベーションアップにも取り組んできた。

こうした職員ケアの取り組みに加え、全国から多くの職員が本県の業務に従事するというこれまでにない状況を生かし、派遣職員の意見を本県における仕事の質の向上につなげる取り組みも行ってきた。

5.2.3　沿岸被災市町村における応援職員受入れの実態・実例

5.2.3.1　被災市町村（沿岸 12 市町村[37]）全体の受入れ状況

岩手県内では、沿岸部の 12 の市町村が地震・津波により特に大きな被害を受け、土地区画整理や土地のかさ上げ、高台移転といった面整備事業のほか、被災された方々の住まいの確保、心のケア、分断された地域コミュニティの再生など、地域に密着した復興関連事業を進めるため、多くのマンパワーが必要となり、県と市町村が連携しながら人員の確保に取り組んだ。

被災市町村による職員の確保に加え、県としても、被災市町村の採用事務の一部を代行し、県が採用した任期付職員を、2013 年以降、10 市町村に延べ

37　洋野町、久慈市、野田村、普代村、田野畑村、岩泉町、宮古市、山田町、大槌町、釜石市、大船渡市、陸前高田市

図表 5-2-3　派遣元別の確保数（沿岸 10 市町村※）

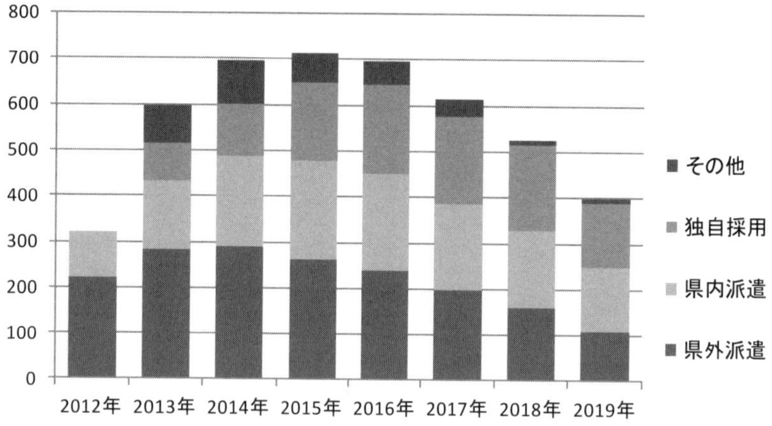

※久慈市、野田村、田野畑村、岩泉町、宮古市、山田町、大槌町、釜石市、大船渡市、陸前高田市

出所：岩手県公表資料に基づき筆者作成

221 人派遣する取り組みを進めてきた。[38]

派遣元自治体別の受入れ状況を見ると、被災直後は関西地域をはじめとする岩手県外自治体の支援が大きな割合を占めていたが、県内内陸部の市町村からも継続的に支援がなされており、独自採用と併せ、現在では応援職員の多くを占めている（**図表 5-2-3** 参照）。

5.2.3.2　大槌町の状況

(1)　大槌町の被災状況・復興事業の状況

沿岸被災市町村の中で、庁舎の被災により職員も多く犠牲となり、行政機能が大きく損なわれた陸前高田市と大槌町において、マンパワーをはじめ特に多くの支援を必要としていた。そのうち、私が 2013 年から応援職員として赴任した大槌町は、市街地にあった役場庁舎も屋上付近まで浸水し、庁舎にいた職

38　大量の任期付職員の採用に伴い、県においては、職員の任用手続きや服務管理、メンタル面のケアなどの業務も増加した。

員を中心に 40 名もの職員が犠牲になるなど大きな被害を受けた。

また、庁舎の被災により、保存していた行政文書や情報システムをすべて流出し、行政機能がマヒした。その後、仮設庁舎を経て現在の庁舎に移り、民

図表 5-2-4　大槌町における一般会計当初予算額及び決算額（単位：億円）

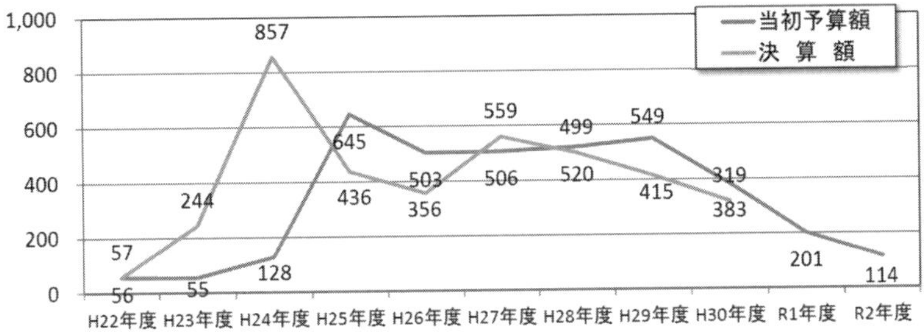

出所：大槌町（2020a）

間企業の支援などもあり、システムも整備され、徐々に体制も整えられていったが、復旧・復興事業が本格化するにしたがい、震災前、50 億円程度であった町の一般会計予算額は、約 10 倍の 500 億円程度に膨れ上がり、大槌町の職員は膨大な業務を処理していくこととなった（**図表 5-2-4** 及び**図表 5-2-5** 参照）。

図表 5-2-5　大槌町におけるマンパワーの確保状況

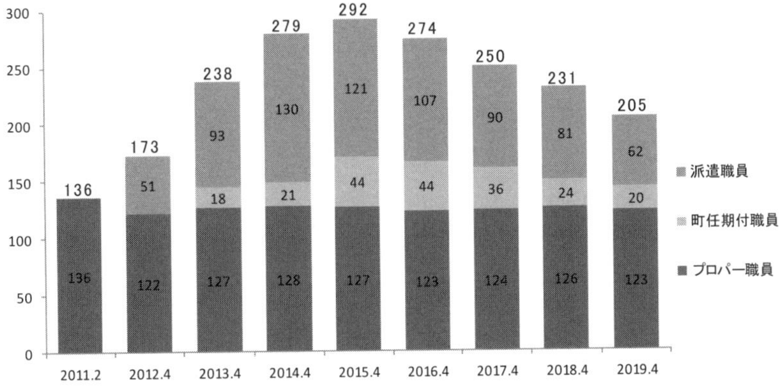

出所：大槌町（2020b）

(2)　大槌町の職員受入れ状況

ハード・ソフト様々な分野における膨大な復興関連事業を処理していくため、大槌町では、発災後、岩手県や全国知事会等を経由した派遣職員の受入れをはじめ、2013 年からは独自に任期付職員の採用も開始した。

ピーク時の 2014 年以降、プロパー職員を上回る応援職員を大槌町では派受け入れてきた。具体的には、用地取得や被災者支援などに関わる事務職や面整備にあたる土木職、災害公営住宅など公共施設の建設に携わる建築職が多く必要となった。

応援職員は、北は北海道から、南は沖縄県まで全国各地から集まっており、その中には､阪神淡路大震災を経験した自治体の職員もいた。例えば､豊中市（大阪府）の消防職員は、東日本大震災後の状況を踏まえた町の防災計画の策定と推進に力を発揮し、神戸市（兵庫県）で区画整理事業に携わった職員は、町の都市整備部門の長として復興まちづくりに奮闘した。

こうした経験豊富な人材を全国各地から受け入れ、ともに業務を行うことができたことは、復興に向けた大きな力となっただけでなく、職員育成の面でも大槌町にとって大きな財産になった。

(3)　受入れに関する当時の状況

①　受入れにまつわる課題

マンパワーが限られる中、多くの市町村との受入れ調整は、大槌町の担当部門にとって大きな負担となった。発災直後は、県や国の職員をリエゾンとして受け入れ、その後は、岩手県から比較的短期の職員派遣を受けながら、関係機関との連絡調整のほか、今後の復旧・復興事業に要するマンパワーの確保に向けた応援要請に係るニーズの取りまとめなどが行われた。

その後本格化する応援職員の受入れに関し、派遣の決定自体は県（知事会）を経由して決定されるが、決定後のそれぞれの派遣職員にまつわる細かい調整は派遣元自治体との個別のやり取りとなるため、派遣元が多岐にわたる[39]大

39　受入れピークの 2015 年には全国の 46 自治体から受入れ

槌町の受入れ担当者は、その調整業務に忙殺された。

また、市街地も被災し入居できる民間アパートもなく、職員の住まいの確保も困難であった。そのため、応援職員の多くは応急仮設住宅に住むこととなったが、町内の仮設住宅では足りず、私も含め、隣接する釜石市内の仮設住宅から通勤する者も多くいた。

派遣職員のスキルと業務とのミスマッチも課題であった。専門職種である土木職、建築職などの場合と異なり、事務職については必ずしも職員の過去の経歴や得意分野を考慮した配置とならず、職員のスキルと業務とのミスマッチが生じることもあり、その点で苦しむ応援職員もいた。

②　専門職員の支援

そうした中、情報通信関連企業からSE経験者を受け入れ、情報システムの復旧・構築・運用に従事してもらうなど、専門的知識やスキルを持った民間企業等の人材は大きな力となった。特に、震災前から町内に研究所があった縁で、東京大学に町の復興計画策定に参画していただいたのは大きな力となった。町内10地区に立ち上げた「地域復興協議会」において、地域住民と話合いを重ね、住民が納得する復興後の大槌の姿を描いていく作業は、大変な時間と労力を要するものであったが、大学には、行政と住民との間に立って、中立的な観点から復興まちづくりのコーディネートしていただき、復興計画の円滑な推進に大きな役割を果たしていただいた。

③　職員のケア

全国各地から派遣された職員が、不慣れな土地での勤務や休暇が取れないなか、心身の不調をきたすことも懸念されたことから、大槌町では、職員が派遣元自治体に一時的に帰任（帰省）しやすくするよう、帰任旅費の支給を制度化したほか、岩手県こころのケアセンターによる相談窓口を継続的に設置し、職員の心身のケアに当たった。

ただ、実際には、派遣職員ではなく、自身も被災し、仕事以外で様々な困難と向き合いながら業務量の増加に対応していたプロパー職員が不調に陥るケースも多くみられた。

④　派遣職員のネットワーク化と関係人口の拡大

同じ被災地で苦楽を共にすることで応援職員間のネットワークも形成された。2013年には、大槌町に派遣された全国の職員で構成される「応援職員の会」が町の協力のもと結成され、かつて大槌町で働いた全国の自治体職員が毎年大槌に集まり、プロパー職員も交え旧交を温めている。

また、それぞれの派遣元自治体に戻った職員が「関西大槌会」や「東京大槌会」など各地で「同窓会」を開催しているほか、独自に大槌産の食材を取り寄せ、地元で販売する職員、大槌町内の祭りに毎年参加し、地域住民との交流を継続している職員など、派遣をきっかけに生まれた被災地との絆を強めている者も多くいる。こうしたつながりは、大槌町にとっても継承してくべき貴重な財産であると思う。

5.2.4　おわりに

大規模な災害が発生した場合、基礎自治体である市町村は直接被災した住民と向き合い、昼夜を問わず多くの業務に当たらなければならない。

そうした中にあって、被災自治体が個別に派遣要請を行う形では、必要な職員確保が難しく、全国的に職員数が少ない分野も含め、必要な人員を極力地元の負担を軽減しつつ継続的に確保する仕組みは必要であろう。

被災市町村の職員は、自らも困難な事情を抱えながらも懸命に業務に対応しており、そうした被災自治体を支える官民含めたマンパワーの確保は全国各地で災害が多発する中、今後も重要な課題であり、更なる充実が望まれる。

5.3　南相馬市

5.3.1　南相馬市の被災状況

南相馬市は、2006年に旧鹿島町、旧原町市、旧小高町の１市２町が合併し誕生した人口 59,460 人（2020 年 3 月 31 日時点住民登録）の福島県沿岸部の北部に位置する市である。

2011 年 3 月 11 日 14 時 46 分に発生した東北地方太平洋沖地震により南相馬市では最大震度 6 弱が観測される[40]とともに、その後の津波によって 600 名を超える人命が犠牲となり、40.8㎢もの土地（市面積の約 10%）が浸水し、1,500 世帯以上の世帯が全半壊となるなど、沿岸部を中心に大きな被害を受けた[41]。

さらに福島第一原子力発電所の事故により、震災翌日の 3 月 12 日には原発から 20km 圏内に避難指示が出され、住民が避難を余儀なくされるなど市内は大混乱に陥った。

その後、3 月 15 日には原発から 20 ～ 30km 圏内に屋内退避指示が出されたことにより、市内へ物資が入らなくなったため、南相馬市が住民に市外への自主避難を呼びかけた。それにより、ほとんどの住民が市外へと避難し、震災前には 70,000 人を超えていた人口が、2020 年 3 月末時点で約 54,000 人の居住人口となっている[42]（**図表 5-3-1** 参照）。

特に全域が避難指示区域となり、住民全員が避難した南相馬市小高区では、震災前に 12,000 人以上だった人口が 2020 年 3 月末時点でも 3,663 人と震災前の 3 割にも届かないなど、大きな影響を受けている状況にある。

被災したインフラの復旧、除染の実施、災害公営住宅や防災集団移転による住宅団地の整備など各種復興事業は完了したものの、福島第一原子力発電所の事故による影響で急激に進んだ少子高齢化など新たな課題に直面している。

5.3.2　南相馬市での災害対応

5.3.2.1　東日本大震災時の応援職員

東日本大震災は、これまでに経験したことのない規模の地震、津波に福島第

40　南相馬市（2013）
41　南相馬市（2020）
42　同上

一原子力発電所の事故が加わる複合災害であったことから、市職員はこれまでの経験が通用しない中、手探りの中で災害対応にあたり、膨大な業務量と向き合うこととなった。

図表 5-3-1　南相馬市の避難区域（2011 年 10 月現在）

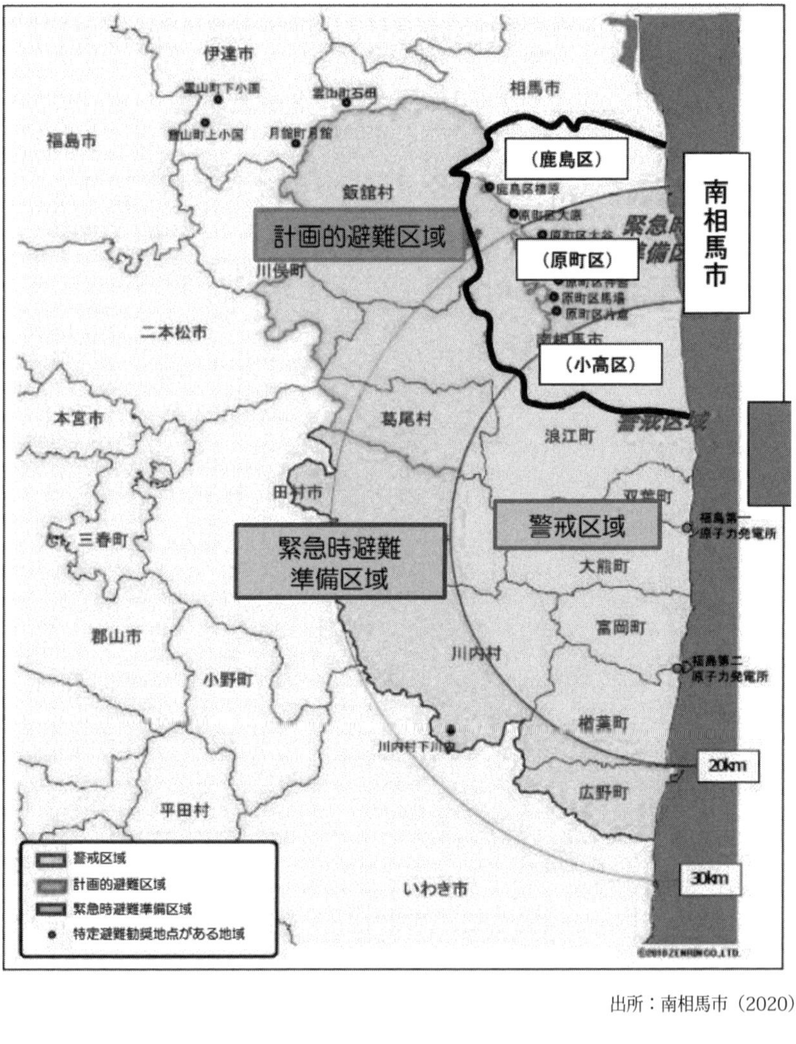

出所：南相馬市（2020）

ここでは、筆者自身の災害対応の経験を通じて、南相馬市において応援職員がどのような業務に従事していたのか。また、被災自治体の職員として、他自治体からの応援職員に非常に助けられた部分等について記載する。

5.3.2.2　震災直後の応援職員対応業務

南相馬市では、東日本大震災の発生後、市職員が避難者や原発事故の対応に追われ、通常業務にまで手が回らない状況となっていた。そのため、住民の所在確認、支援物資等の受入れや仕分け、罹災証明書の発行、市外避難所の運営、災害廃棄物の処理、応急仮設住宅等の申請受付、義援金の支給といった災害関連業務に留まらず、秘書業務、市税、国民健康保険、児童扶養手当といった通常業務についても応援職員による支援を受けることとなった。

5.3.2.3　罹災証明書発行業務

発災当初の2011年当時、筆者が所属していた税務課では、市内に残っている避難所と市外避難所の運営を担う職員以外は市役所内での業務へ戻り、市民への支援を実施する際に必要となる罹災証明の発行業務に従事することとなった。罹災証明を発行するにあたっては、地震・津波による被害の調査を行うことが必須であるため、実際に職員が被害を受けた家屋に行って調査を実施した。地震の被害に関しては、崩壊している家屋や居住に支障のある住宅はほとんど見受けられなかったことから、津波で財産が流出し、早急な対応が必要となっていた津波被災者の自宅を優先して調査することとした。

外観判定による調査を実施し、データベースを構築するとともに、証明書の発行や支援実施内容を入力できるようシステム化し、5月のゴールデンウィーク明けから人手のかかる証明書の発行と同時に生活再建支援金の申請受付を開始した。証明書発行にあたっては、応援職員の配置を要望していたが、その時点では原発から20～30km圏内の屋内退避指示は未だ解除されておらず、応援職員として南相馬市に派遣された人数は多くなかった。

５月上旬に罹災証明書発行を開始してから、家屋の損壊判定に納得ができない市民から再判定（内部調査による２次判定）の申請が多くなってきた。判定によっては受けられない公的支援も出てくるため、判定を見直してほしいという市民からの要望があった一方、住宅の中を含めて今後も住めるのかどうかを見てほしいという市民の不安感から申請されたものも多かった。家屋の損壊判定は通常業務で家屋の固定資産税評価額を算定する職員が担っていたが、建物の安全性に係る部分については説明できないため、再判定時には建築士の資格を持つ職員に同行を依頼していた。しかし、復旧が進むにつれ、建築士が復旧業務で忙しくなり、再判定の調査に同行することが難しくなった。そのため、再度技術職員の応援職員を人事に依頼したところ、独自に職員派遣の申し出を行っていた静岡県の島田市より２名の技術職員が１週間交代で支援に入ることとなった。これによって滞っていた再判定の調査を一気に進めることが可能となったことに加え、再判定を申請した市民も静岡県から応援しに来てくれたとわかると感謝し、説明内容も素直に聞いてもらえるなど、トラブルも無く調査をスムーズに進めることができるようなった。

5.3.2.4　罹災証明書発行業務に応援職員が入ることの効果

現在では、罹災証明書の調査、発行業務を経験した自治体職員が全国に数多くいることから、災害時には被災自治体へ応援職員を派遣するスキームができ、調査方法も統一されてきている。しかし、東日本大震災当時は、内閣府のマニュアルを片手に手探りで調査を進めており、同じような損壊でも近隣自治体と判定に差が生じ、市民からのクレームを受けることとなった。このような問題も損壊調査の方法を熟知した応援職員が罹災証明に不慣れな被災自治体へ入ることによって解決できるものと考えられる。

罹災証明書は、住民への支援内容の基礎となるだけでなく、罹災証明書が発行されてはじめて住民支援をスタートできることから、なるべく早期に損壊調査を開始することが重要である。そのためにも応援職員の支援は欠かせないものとなる。

5.3.2.5　インフラ復旧業務

避難所の運営や罹災証明書に係る業務は長くとも 1，2 か月間の短期間の業務となるが、津波により大きな被害を受けた防潮堤などのインフラについては、被災状況の確認、復旧するための設計、工事の発注と復旧業務が数年がかりとなるものがほとんどとなっている。特に津波被害を受けた農地については、土地改良事業で復旧させたところがほとんどとなったため、農業者の同意を得るために非常に多くの時間を要することとなった。

インフラの復旧をはじめとするハード事業は年単位となることから、応援職員のほとんどが 1 年以上の期間で派遣されている。特にインフラ等の復旧には、技術系の職員が欠かせず、復旧工事が本格化する 2012 年以降に中長期の派遣職員、特に技術系職員が増えている。

また、南相馬市では、災害の復旧以外にも福島第一原子力発電所事故への対応も大きなウェートを占めており、放射線のモニタリング、除染業務、風評被害対策、旧避難指示区域の再生などと業務も多岐に渡っている。特に除染に関しては、農地を含めた膨大な土地を除染するため、多くの職員が従事する必要があった。これらの業務についても応援職員の支援により進めてきた。

5.3.3　応援職員の状況

5.3.3.1　応援職員の受入れ状況

東日本大震災発生直後の 2011 年度は短期派遣の応援職員がほとんどであったが、2012 年度以降中長期の派遣期間となる応援職員は 2012 年度 50 人、2013 年度 38 人、2014 年度 45 人、2015 年度 45 人と 40 人を超える水準となっている。しかし、2016 年以降は 2016 年度 41 人、2017 年度 40 人、2018 年度には 33 人と減少傾向となっている。震災後 10 年が経過し、今後も応援職員の減少が見込まれているものの、現在でも応援職員が南相馬市の復興の中核を担っているだけでなく、通常業務の分野でも欠かせない状況となっている。これは、技術系職員は年々減少しているものの、事務系職員の数はそれほど減少せず、20 人程度を維持していることからわかる（**図表 5-3-2** 参照）。今後、応援職員がいなくなった場合に、震災後に増加した業務をどのように継続していくかが、南相馬市の大きな課題となっている。

図表 5-3-2　南相馬市の職種別応援職員数（2011 ～ 2019）（単位：人）

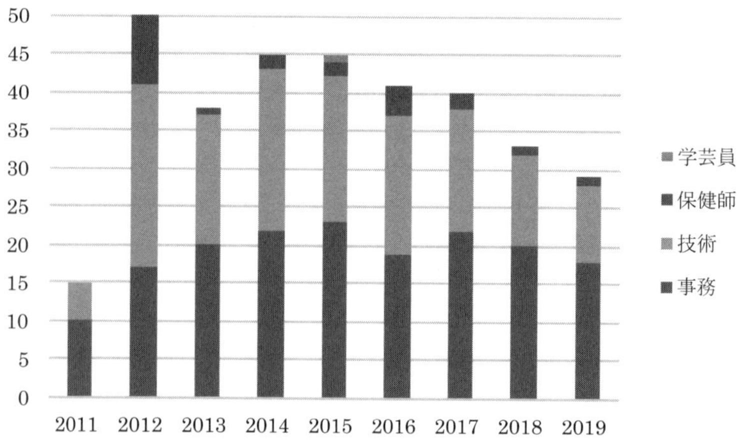

出所：南相馬市内部資料

5.3.3.2　応援職員受入れ時の課題

震災から数年は、被災者の入居や建設業者等の宿舎としての需要が高く、応援職員が入居するアパートの確保が困難であった。確保したアパートが通勤に時間を要する場所であったり、非常に古かったりと快適な居住先を提供できなかったことが課題として挙げられる。短期であればホテル等でも問題ないが、半年、１年などの長期派遣の場合は、アパートなど応援職員の居住先の確保が重要となる。

5.3.3.3　応援職員によってもたらされた影響

南相馬市に来ていただいた応援職員の方は、復興に寄与したいという気持ちを持って来られている方々ばかりで、一緒に仕事をさせていただくことによって、被災自治体の職員として、もっと頑張らなくては思わされることばかりであった。

同じ自治体職員ということで、赴任早々即戦力として働かれ、業務上で助けられているだけでなく、派遣元の自治体の仕事のやり方や制度等を聞くことで、南相馬市の進んでいるところや改善すべき点などに気付くことができるなど、単に人員不足解消といったメリットに留まらず、派遣先自治体の職員にも良い影響を及ぼしていたように思われる。住民が市外へ避難し、街から人がいなくなった当時、市内を走る車は市役所の公用車と自衛隊車両だけであり、夜になると市街地でも信号と街路灯以外の灯りはなく、非常に心細かったことを記憶している。現在では街にも活気が戻り、住民も日常生活を取り戻しているが、ここまで復興できたのも応援職員の方々の支援無しには考えられない。

第6章　まとめ

応援職員による支援は、発災直後から自発的な自治体の職員派遣の申し入れのおがけで作動し、その後、全国的な派遣スキームが構築され、そのような支援の動きは大規模かつ円滑に推進されることとなる。本書では、東日本大震災のケース・スタディとして、応援職員の全体像を概観し（第２章）、派遣前・中・後といった切り口から応援職員の動向を調査し（第３章）、さらには個別の自治体事例（第４章及び第５章）から当該職員の内実に迫った。

第２章では多くの応援職員が被災地域に赴いたことが改めて浮き彫りになった。毎年千人単位の規模で派遣され、2014年10月の2,253人を境に減少に転じているとはいえ、2020年４月においてもその数は900人近く（4月１日現在837名）に上っている。概して人口規模が大きい自治体ほど派遣者数が多く（当然の成り行きもしれないが）、また、都道府県（被災県を含む）職員が派遣者数の半分以上を占めている。このことは、各都道府県から被災県への応援職員の派遣や被災県から同県内の被災市町村への派遣がかなり大規模であったことを意味している。被災が広域化すればするほど、土地改良や環境対策等、広域自治体が主体となる業務への応援の重要性、そして自治体層の違いを超えた応援職員の連携調整の必要性がより増すことがわかる。復旧・復興フェーズによって応援職員の職種やその数に変動がみられるのも、これらの対応に係る派遣元及び派遣先自治体間の円滑な事前調整の結果かもしれない。

派遣先での職種も時間が経つにつれ応急対策業務から復旧・復興対策及び一般の通常業務へと移行するわけだが、それでも土木職の職員派遣は継続されている。また、このような技術職のみならず事務職においても同様だが、いずれも派遣期間が予定通り1年で終了というわけにはいかない。復興・復旧作業には職員への「信頼」という要素が大きな意味を持つことがうかがえる。ゆえに派遣元自治体もコミュニケーション力を応援職員の資質として考慮する。派遣する自治体としても受け入れる自治体としても、このような職員派遣の推移の実際は派遣もしくは受入れ計画の枠組みを考えるうえで参考になるであろう。

問題提起（第1章）からわかるように、本書で取り上げたい論点は大きく四つであった。第一の論点は、繰り返しになるが応援職員の規模や推移についてである。これについては上記のように、派遣者数全体さらには職種ごとの派遣者数の推移などが第2章で明らかにされている。

第二の論点は、派遣スキームと派遣のありかたについてである。当初は、一部の自治体が自らの意思で職員を派遣した個別対応から、その後は、いわゆる総務省・全国市長会・全国町村会スキームや全国知事会スキームなど、全国的な調整を可能とした枠組みによる対応へと、応援職員の派遣の体制は移行していった。それでも、これまでの相互交流を土台とした個別対応による派遣は続いている。では、総務省スキームやその他個別のスキームは如何なる効果をもたらしてくれたのか。これが二つめの論点となった。

第三は、派遣職員そのものに焦点をあてたものである。どのように職員が選ばれたのか、派遣前と派遣先の業務、派遣先での職員の管理、帰任後の人事など、派遣前・中・後の応援職員の動きについて、その具体を掘り下げていった。

そして最後は、なぜ遠くの自治体に応援職員を派遣するのか、派遣という取り組みは、派遣先自治体のみならず、派遣元自治体側にも活かされる何かがあるのではないか、もしくはそのような活かす意図や考慮を持ちえていたのか、という問いであった。

第一の論点は第2章で詳述されている。したがって本章では、第3章のアンケート調査結果、第4章のインタビュー調査結果、そして第5章の事例内容を踏まえて、上記の第二から第四の論点を中心に、応援職員の「派遣スキーム」「選定」「業務」「派遣期間」「管理」「帰任後の動向」について改めて整理する。ここでも「派遣前」、「派遣中」、「派遣後」という観点から話を進めていこう。

6.1　派遣前

6.1.1　応援職員の派遣スキーム（第二の論点）

既に述べたように、派遣者数は2014年から減少傾向にある。発災後10年が過ぎ去る中、これは復興への軌道を順調に歩んできた証左ともいえる。しかし、その減少理由が派遣元自治体の台所事情によるものならば決して楽観的になるわけにもいかない。応援職員への期待は未だ高く、その減少を課題と捉えている被災自治体もある。

被災地域の要望に応じ、可能な限り派遣したい。その気持ちはどの自治体にもあるものの、実際の派遣に際しては、定員適正化計画や採用職員数、人事異動や定員査定の実状を検討しなければならない。僅かながら派遣者数を増やしている自治体や再派遣を決めた自治体はあるが、自らの事情で派遣を終了せざるを得ない自治体もある。その意味では、人口規模の大きい自治体ほど応援職員や派遣先自治体の総数が多くなり、派遣期間も長くなる傾向はうなずける。

発災当初は、応援職員の力に強く期待しつつも受入れ側は混乱を極めていた。総務省スキームは、その需給調整を円滑化し、姉妹都市交流等、以前からの連携関係がない自治体による派遣を大きく促進させたといえる。また、スキーム内では、その運用を柔軟に捉えて、事前調整を早めに実施する自治体間の動きも見られた。

個別スキームの多くは総務省スキームへと移行されることとなったが、杉並区の独自条例に基づく「スクラム支援」や名古屋市の「行政丸ごと支援」、各種諸団体の支援のように一部のそれは継続された。そしてこれら独自のスキームは災害対策基本法の改正等に影響を及ぼしたり、自らの災害方策に活かされたり、結果的にイノベーティブな副次効果をもたらしている。総務省スキームを基本にその補完的役割を個別スキームが担うという複層的な職員派遣の枠組みは、この東日本大震災の経験を通じて形成されていったものである。このような複層的スキームは、垂直的な動きと水平的なそれが功を奏した災害対策の好事例の一つといえるであろう。

6.1.2　応援職員の選定（第三の論点）

前述のように派遣職員の多くは係長級もしくはその下の職階の職員である。一般的には、業務を的確にこなす知力・体力間のバランスが取れているのが係長級であり、派遣先自治体にとっても即戦力として大いに期待される。ただし派遣開始時直後には、部課長職の派遣割合がその後に比べて高かった。これは多くの組織内上層部が被災に巻き込まれたことを示す数字とも読みとれるが、円滑に部課長職が受け入れられた背景、すなわち派遣元・派遣先両自治体間の平時からの交流関係が功を奏した結果といえよう。

派遣については派遣元自治体の組織的制約の中、本人の希望も基本的な前提となる。各スキームの公式な手順に先立ち、相互調整は派遣元及び派遣先自治体にとっても重要な業務となってくる。派遣元自治体は、派遣先の意向を重視し、派遣先自治体も派遣元自治体の事情を勘案した派遣要請を行うなど、緊密な事前調整がなされる。それでも、技術職・専門職の場合、その職員数はどの自治体も限られる一方、当該業務の継続性は不可欠となるため、調整がうまくできないことはあった。また、除染業務のように経験のない業務については、要望に応えられないケースもあった。

派遣者の具体的な選定は、人事担当部門の大きな課題の一つとなった。本人の希望をより尊重すべく公募をする場合もあれば、毎年度の人事異動前に職員が提出する人事調査書の中で派遣希望を確認する場合もあった。また、人事担当部門が職員の過去の職場経験等を踏まえ声をかけることも少なくなかった。いずれにしても本人の希望や適性、そして組織内の人事計画等を総合的に検討しなければならず、近年、一度派遣された職員が再派遣されるように、応援職員の確保はより難しくなってきている。

派遣元自治体としては、応援職員の資質に関する特段の明記事項はないが、派遣者選定の際、職員の使命感やコミュニケーション力を評価する。ただし本人の使命感が余りにも高いと、現地の苦悩を受容しすぎる傾向がある（実際、被災地域では自らの命を絶った応援職員もいる）。派遣元自治体にとっては、本人の強い派遣希望だけには惑わされず、困難ではありながらも、応援職員の現地での適応力を見極めるのが、非常に重要な役割になるといえよう。なお、現地の交通事情に鑑み、運転免許証の有無は物理的な選定要素の一つになっているようだ。

6.2　派遣中

6.2.1　応援職員の業務（第三の論点）

応援職員は現地ではどのような具体の業務につくのか。発災直後は災害復旧業務が中心となるが、時間の経過とともに一般的業務へと移行する。こと事務職として派遣される場合、通常の人事異動と同様、どのような業務にでも従事できることが期待される。高い信頼が求められる用地交渉といった事務職を除き、過去の職歴によって業務が特定されることに必ずしも意味はない。技術職と異なり事務職については、概ね派遣側による業務の事前指定などはなく、現地での業務は派遣先次第のようだ。ただし、事務職でも派遣先の職場と派遣元の前職が同一の場合もあり、派遣先自治体は応援職員の職歴を考慮し、即戦力としての応援職員に期待していることがうかがえる。また派遣元自治体も新たな派遣職員は前任者の業務を引き継ぐケースが少なくないことから、それを見越した派遣調整を行っていると考えられる。

6.2.2　応援職員の派遣期間（第三の論点）

派遣元自治体の派遣期間（対象は 2011 ～ 2019 年度の 9 年間）は、平均で 5.3 年、最も多い年数は 8 年となっている。そのような状況下で、個々の応援職員の派遣期間は、概して 1 年とするものが多い。ただし規定等で明文化している自治体は少なく、実態は形式通りとはいかず、当初の派遣予定期間を延長する場合が少なくない。派遣延長の要請に応える形になるが、勿論、本人の希望は反映されている。傾向としては、成果を残すべく少なくとも 2 年、時には 3 年、5 年になる場合もある。このような長期に及ぶ背景には、適切な派遣職員の確保が困難という問題がある。ゆえに派遣先自治体には派遣元自治体に対し、派遣の必要性、重要性を継続的に説明することが求められる。受入れ側にとっては、スキーム維持のための地道な説明は応援職員の確保のための重要な取り組みなのである。

6.2.3　応援職員の管理（第三の論点）

地元を離れ、慣れない土地でかつ非常時での勤務である。応援職員にのしかかるストレスは通常の人事交流派遣とは異なる様相を呈してくる。派遣先自治体は、原則、期間中に人事異動をしないよう配慮し、また、住まいの確保をはじめ心のケアセンターの設置、帰任支給の制度化など、職員の受入れ態勢に万全を期す。それでも住まいの確保は困難を極めた。仮設住宅に依存せざるを得なかったことを考えると、職員を応援する際の住まいについては周到な準備が求められよう。

受入れ側のみならず派遣元自治体も応援職員の状況を常に把握しなければならない。「報告」という定型式でのコミュニケーションは、そのための不可欠なルーティンである。月 1 回の帰庁といった定期的な報告から不定期なものまで様々だが、ほとんどの派遣元自治体が帰庁なり電話等により応援職員とコミュニケーションをとっている。なお、応援職員に関する管理は派遣者数が多くなればなるほど徹底される感がある。

勿論、報告のみで職員の心理状態が掴めるものではない。そのため、派遣元自治体は健康チェックやメンタルケアなどを定期的に実施している。加えて年に一回、産業医をはじめ、首長や幹部職員もしくは人事担当職員が現地を訪問し、慰労を含む精神面での支援を行っている。派遣先自治体も、応援職員ネットワークの構築をはじめ、応援職員用の研修会の実施や地元広報誌での紹介などを通じ、応援職員のモチベーション維持に取り組んでいる。また、現地での交通事情を考慮し、移動に係る支援（公用車の貸し出しやガソリン代の一部支給、運転講習会の開催）など、物理的な支援を行っている。なお、同じ職階でも自治体によって給与に差があるのは常だが、応援職員は派遣元自治体の給与水準がそのまま維持されている。

このようにきめ細やかな応援職員への精神的・物理的支援によって応援職員の派遣スキームは機能しているといっても過言ではなかろう。

6.3　派遣後

派遣先自治体としては、派遣の必要性を「お互い様」と考えるものの、自らの災害対応策の一環（経験の蓄積など）として派遣を活かすという意図も見出すことはできる。このような派遣元自治体としての考えは、どの程度の具体性があるかは問われるものの、「なぜ遠くの自治体に応援職員を派遣するのか」の答えの一つといえよう。では応援職員の被災地域での苦労や経験を派遣元自治体内で活かすためには、どのようなことが考慮されるのだろうか。

6.3.1　帰任後の人事（第四の論点）

まずは、職員個人のレベルとしては帰任後の人事に対する考慮である。勿論、通常の人事ルーティンとのバランスの中で所属は決められるため、派遣と直接リンクした人事配置は考えにくい。また、慰労的な意味合いからか、次の配置には本人の希望を十分考慮する自治体も少なくない（職員に「活かす」という希望があればリンクといえるかもしれないが）。短期的には人事配置で自らの組織に直接活かすという考慮は難しそうだ。他方、将来の応援スペシャリストとしての派遣候補としては大きく期待される。かつて阪神・淡路大震災を経験した職員が東日本大震災の応援職員として派遣され、部門の長を掌り、地元職員を指揮した。被災地へ派遣経験がある職員を新たな別の地域に派遣するという人事構想は有効な人事マネジメントの一環として捉えることができよう。さらに、非常時の経験は災害以外の分野でも十二分に活かされよう。派遣時に学んだリーダーシップや交渉力、調整力は様々な行政分野で必要とされる職員力である。中長期的には非常時で向上させた職員力を人事でどう活かすかが問われることになろう。

6.3.2　帰任後の影響（第四の論点）

次に、組織全体での考慮としては応援職員の経験知の共有がある。幹部職員との懇談会の開催や庁内報での通知、内部報告会など、実際に派遣元自治体の約８割が当該知の組織内共有に取り組んでいる。さらに帰任後に職員向け研修での講師依頼などは応援職員の成長にもつながってくる。ただし住民との情報共有については、広報誌への掲載やイベントでの広報ブースの設置といった取り組みは見られるものの、十分とは言えないようだ。住民へのPRは、広い意味での自治体経営の一手段として位置付けるべきかもしれない。

これらを踏まえると応援職員は、被災地域のみならず、また当事者のみならず派遣元自治体に対してもプラスの影響をもたらす存在である、といっても決していい過ぎではなかろう。応援職員の得た貴重な経験的知見を個人の暗黙知から組織の形式知へと如何に転換させるか、これが自治体全体の今後の課題といえよう。

以上、応援職員の内実を派遣前から派遣後という流れからみてきた。これまでの記述からその時々の実態を創造的に捉えることができたのではないかと思う。

応援職員の存在については、今後ますます重要性を帯びてくるのは間違いない。効率的な派遣体制の構築も全国横断的に着々と進められてきた。重要なのは、派遣する、派遣されるいずれも立場であっても、個々の自治体が如何に自律的に即断即行で対処できるかであり、この円滑な意思決定が緊急時の取り組みに大きな影響を及ぼしてくる。

本書は記述的でハンドブック的な役割を担うほど機械的に体系化されてはいないかもしれないが、個々の調査の結果が個々の自治体の即断即行に少しでもお役に立てたらと願っている。

参考文献一覧

稲継裕昭（2015）「広域災害時における遠隔自治体からの人的支援」小原隆治・稲継裕昭編『震災後の自治体ガバナンス』東洋経済新報社。

岩手県（2020）『東日本大震災津波からの復興』。

大槌町（2020a）『大槌町復興レポート（令和２年４月１日現在）』。

大槌町（2020b）『岩手県大槌町東日本大震災記録誌　生きる証』。

全国知事会（2012）「東日本大震災における全国知事会の活動（平成 24 年７月）」。

竹内直人(2018)「農水産系職員が関わった復旧・復興業務：農業普及指導員とネットワーク」稲継裕昭 編『東日本大震災大規模調査から読み解く災害対応：自治体の体制・職員の行動』第一法規。

中邨章（2012）「悲劇から学ぶ自治体の危機管理：反省と展望」『自治体危機管理研究』第９号、日本自治体危機管理学会。

西田奈保子（2017）「防災・危機管理分野における遠隔型連携」日本都市センター編『自治体の遠隔型連携の課題と展望：新たな広域連携の可能性』公益財団法人日本都市センター。

南相馬市（2020）『南相馬市の現況と発展に向けた取組』。

南相馬市（2013）『南相馬市災害記録誌』。

Kawai, Koichi. (2021) “Local Government's Approaches to Obtaining Human Resources for Crisis Management in Japan,” in David Brown and Jacek Czaputowicz (eds.) *Dealing with Disasters: Public Capacities for Crisis and Contingency Management,* Brussels: IIAS-IISA.

Samuels, Richard J.（2013）*3.11: Disaster and Change in Japan,* Ithaca: Cornel University Press.

執筆者紹介

西出順郎（にしでじゅんろう）　編者、第３章第４節、第６章
明治大学公共政策大学院教授

内城仁（うちじょうひとし）　第５章第２節
岩手県職員

大谷基道（おおたにもとみち）　第１章、第３章第３節
獨協大学法学部教授

河合晃一（かわいこういち）　第２章、第３章第２節
金沢大学人間社会研究域法学系准教授

黒田慶廣（くろだよしひろ）　第５章第１節
福井市職員

武山剛（たけやまたけし）　第５章第３節
南相馬市職員

西田奈保子（にしだなほこ）　第３章第１節、第３章第６節
福島大学行政政策学類准教授

松井望（まついのぞみ）　第３章第５節、第４章
東京都立大学都市環境学部教授

付　録

東日本大震災による被災自治体への応援職員の派遣に関する調査
【共通シート】　単純集計票

各問の文末の数字は有効回答数(n)、選択肢の後ろの数字は回答割合(%)を示したものである。

問1　一人の職員を被災自治体に派遣する期間(例:1年間に限る等)について、貴自治体としての方針はありますか。**(ひとつに○)(n=289)**

1. 明文化している(3.1%)　**2.** 明文化はしていないが目安はある(48.8%)
3. 特にない(48.1%)

問2　単年度間に被災自治体に派遣する職員数の上限(例:1年間に1人等)について、貴自治体としての方針はありますか。**(ひとつに○)(n=289)**

1. 明文化している(1.4%)　**2.** 明文化はしていないが目安はある(38.4%)
3. 特にない(60.2%)

問3　被災自治体から帰任した職員の経験・知見の共有相手とその方法を教えてください。**(いくつでも○)**

1. 職員を派遣した部署内職員で情報共有 (29.4%) (n=289)
その方法　**a.** 報告会の開催(17.3%)　**b.** 論集等の作成・配布(3.8%)　**c.** その他(8.7%)
2. 人事担当課内で情報共有(34.6%)(n=289)
その方法　**a.** 報告会の開催(18.0%)　**b.** 論集等の作成・配布(4.5%)　**c.** その他(12.5%)
3. 全職員に情報共有(37.7%)(n=289)
その方法　**a.** 報告会の開催(23.9%)　**b.** 論集等の作成・配布(5.9%)　**c.** その他(10.4%)
4. 住民に情報共有(12.5%)(n=289)
その方法　**a.** 報告会の開催(3.1%)　**b.** 論集等の作成・配布(0.7%)　**c.** その他(8.7%)
5. 上記以外の人や組織に情報共有 (具体的に) (18.7%)(n=289)
6. 特に共有していない(21.5%)(n=289)

「1. 職員を派遣した部署内職員で情報共有」の「c.その他」

・「職員だより」の配信により共有
・帰庁時(年に数回)に業務報告を行っている
・業務処理状況報告書
・月1回程度の帰庁報告
・口頭での報告
・口頭等
・口頭又は報告書にて報告
・作成した報告資料を危機管理課内で回覧している
・状況報告
・職員間で個別に情報共有
・通常業務(OJT)の中で共有(2)
・定期的な帰庁時に上司に報告
・定期的に帰庁報告を行っている
・定期的に帰任させ、業務状況等を報告させている
・日常的なコミュニケーション及び業務
・日常的業務の中で経験を共有
・派遣後は、派遣時の業務を生かせる部署へ配置

・派遣中に職員が帰庁した際の報告
・派遣途中に、報告会を開催
・復命書
・報告書
・報告書の供覧(2)
・毎月業務報告書を供覧

「2. 人事担当課内で情報共有」の「c.その他」
・帰庁時に口頭や任意の文書にて報告を受けている
・帰庁時に面談等
・帰庁報告時に情報共有している
・帰任後の面談等での報告
・業務処理状況報告書
・業務報告書等の回覧
・月1回の帰任時に課内で面談
・月に一度帰庁報告している(派遣職員が)
・個別に報告を受ける
・個別面談
・口頭での復命
・口頭での報告
・口頭又は報告書にて報告
・人事課に報告
・人事情報として派遣内容を整理し、今後の人事異動等の参考にする
・人事担当課への業務状況等の報告
・定期的な帰庁時に人事係長に報告
・定期的な帰庁報告
・定期的な帰任時の復命書により、業務に係る報告を課内で供覧
・定期的に帰任させ、業務状況等を報告させている
・年数回口頭及び資料での説明
・派遣レポートの提出
・派遣期間中に報告書を提出させている(週1回程度)
・派遣時の報告書をまとめ保管している
・派遣者からの報告
・派遣中に3カ月に1回ほど状況報告をもらい回覧する
・派遣中の職員が帰庁した際の報告
・派遣途中に、報告会を開催
・派遣報告書
・復命書(2)
・聞き取り等
・報告書
・報告書の供覧(2)
・毎月業務報告書を供覧

「3. 全職員に情報共有」の「c.その他」
・「職員だより」の配信により共有
・画像データを全職員が閲覧できるようにした

・改めて報告会などを設けないで、普段の職員とのコミュニケーションで共有している
・帰庁後に理事者への報告会を行っている。報告会資料を全庁へ周知している
・勤務レポートを庁内の電子掲示板に掲載
・近年は、報告会の実施なし
・月1回の職員全体朝礼にて、状況や体験談等を報告
・月例報告書のイントラネット掲載
・現状報告書(手紙)の全職員共有
・職員ポータルによる周知
・職員共通 LAN 上の掲示板に帰任報告を掲載している
・職員研修での研修講師として報告
・職員表彰
・人事担当課にて派遣職員へのインタビューを行いその内容を職員報に掲載する形で周知
・着任中に定期的にレポートを作成してもらい、庁内のシステム内で公開した
・庁議(部長級以上の会議)での報告→報告資料を全庁周知
・庁内 LAN 上で情報共有を図っている
・庁内グループウェアに掲載
・庁内ホームページで活動内容等を報告
・庁内掲示板の活用
・庁内広報紙、ポータルサイトへの情報掲載
・庁内報
・朝礼で報告
・派遣職員の取組に関するパネル展示
・被災自治体(派遣先)職員による職員研修(講話)
・必要に応じて全職員を参加対象にした研修会等で報告
・部長、副部長会議内で報告
・報告書等の回覧
・論集を職員用 HP に掲載
・論集等の電子掲示板(内部情報システム)への掲載

「4. 住民に情報共有」の「c.その他」
・HP
・HP に報告会資料掲載
・ホームページに掲載している
・広報にて
・広報に掲載
・広報へ活動内容を掲載
・広報紙に掲載
・広報紙に派遣日記を掲載
・広報紙への記事掲載
・広報紙等への掲示
・広報誌への掲載
・市 HP に活動状況を掲載
・市行政の様々な分野について市民への説明を行う「出前講座」での説明
・市長報告会を開催して記者発表を行っている
・市役所ロビーに復興状況を展示
・自治会や市主催の防災訓練の時に講話

3【共通シート】

・出前講座
・地域審議会の要請により会議に出向き説明した
・町の広報誌に掲載
・町広報紙に掲載
・派遣職員の取組に関するパネル展示

「5. 上記以外の人や組織に情報共有(具体的に)」
・「避難所運営マニュアル検討委員会」に参加している。「防災女性モニター」に参加し、防災に関する提言を受けている
・一部職員に対し報告会を開催
・階層別研修にて、報告会を実施
・各世代別研修にて報告
・幹部会(部長会議)での報告
・幹部職員及び若手職員等を対象に報告会の開催
・関係部署へ配置換することで情報共有している
・帰庁時、市長へ業務・生活状況の報告を行った
・帰庁時に部長級以上及び人事担当へ報告会
・帰任時に、市長、副市長等へ適宜報告を行っている
・帰任時に任命権者へ報告
・区長報告会の開催
・研修
・県下広域による、報告会
・三役等に報告
・市長・副市長に報告
・市長、副市長、所属長への帰任報告
・市長、副市長はじめ一部の幹部職員へ報告
・市長への帰庁報告
・市長への報告(3)
・市長や関連部署等へ業務報告を実施
・市長及び副市長に対する報告会の開催
・市長及び副市長へ帰任報告を行っている
・市長等への報告
・市長報告(年3回:派遣中帰任ごとに)
・時間外に行う職員の自主勉強会にて報告会を開催
・次年度派遣職員への引継ぎ
・首長へ帰任に伴う報告会を実施している(報道への発表も含む)
・首長及び関係部局の幹部職員への報告会の開催
・首長報告
・職員研修等での報告
・新任研修等で供給
・全技術職員を対象に報告会
・町長等への報告
・東三河地区において、職員、住民を対象とした報告会を行っている
・特別区長会に情報提供し、特別区内で情報共有
・特別職に報告
・二役、派遣した部課及び危機管理担当課に情報共有

・任命権者や防災担当課への復命等
・派遣職員の報告会を開催
・派遣先の町長も来庁し、町長・副町長に口頭報告
・発災当初は経営会議・政策会議（部課長出席）で報告
・部課長対象の報告会の開催
・兵庫県主催で毎年報告会がある
・報告会を開催し、管理職以上に報告
・防災・危機管理の主管課に報告会資料供覧
・防災関連部署への報告書の情報共有
・防災担当部署
・理事者、人事担当課、関係部署が参加する報告会を行なった

問4 東日本大震災による被災自治体に**派遣経験のある職員を、東日本大震災後の災害（熊本地震や豪雨災害等）による被災地に応援職員として派遣（再任用による派遣を含む）**したことがありますか。**（ひとつに○）（n=289）**

1. ある（19.4％）　**2.** ない（77.9％）　**3.** 把握していない（2.4％）　無回答（0.3％）

問5 東日本大震災による**被災自治体に派遣経験のある職員を、「災害マネジメント総括支援員」として登録**していますか。**（ひとつに○）（n=289）** ※「災害マネジメント総括支援員」とは、「被災市区町村応援職員確保システム」（2018 年 3 月）において災害マネジメントを担う応援職員のことで、平時に自治体からの推薦を受けて総務省が名簿に登録しています。

1. はい（2.1％）　**2.** いいえ（86.2％）　**3.** 把握していない（11.4％）　無回答（0.3％）

問6 貴課では、**①～⑬のそれぞれについてどのようにお考え**ですか。**選択肢の中からもっとも近い番号ひとつに○**をつけてください。（n=289）

	そう思う	やや そう思う	あまりそう 思わない	思わない	無回答
① 貴自治体の事務系職員においては、業務量に見合った職員数を確保できている	11.1％	37.4％	40.8％	8.7％	2.1％
② 貴自治体の技術系職員においては、業務量に見合った職員数を確保できている	7.3％	29.8％	43.6％	17.3％	2.1％
③ 貴自治体では、災害対応への備えを積極的に進めている	38.1％	48.4％	10.7％	0.7％	2.1％
④ 貴自治体は、被災自治体への職員派遣に積極的である	24.2％	54.0％	17.6％	2.1％	2.1％
⑤ 被災地への職員派遣は、貴自治体における災害対応経験の蓄積に効果がある	32.5％	53.3％	12.1％	0.3％	1.7％
⑥ 被災自治体に職員を派遣するのは、貴自治体自身のためである	13.5％	45.0％	34.6％	5.2％	1.7％
⑦ 被災自治体からの求めがあれば、人手不足であっても職員派遣に応じるべきだ	8.3％	56.7％	32.2％	1.0％	1.7％
⑧ 被災自治体からの求めがあれば、遠隔地であっても職員派遣に応じるべきだ	17.6％	64.4％	15.2％	0.7％	2.1％

5【共通シート】

⑨ 被災自治体に職員を派遣するのは、被災地のためである	48.1%	48.8%	1.4%	0.0%	1.7%
⑩ 職員派遣に関して、被災地への他自治体の派遣動向を意識している	9.0%	50.5%	35.3%	3.5%	1.7%
⑪ 職員派遣に要する費用に関して、国の財源 保障を意識している	16.6%	48.8%	27.3%	5.5%	1.7%
⑫ 貴自治体で激甚災害が発生したら、応急期に他自治体からの応援職員が必要だ	63.0%	33.2%	1.7%	0.3%	1.7%
⑬ 貴自治体で激甚災害が発生したら、復旧・復興期に他自治体からの応援職員が必要だ	58.8%	37.7%	1.7%	0.0%	1.7%

問7 本調査票の回答全般に関する補足コメント等がございましたら、ご記入をお願いいたします。

・問６②⑦について、技術系職員の不足はあるが、被災時には助け合うべきとの考え方のもと、職員派遣に応じているのが実情。
・回答に際し、エクセルやワードのまま回答できるとよいと思います。
・今回の調査が、今後の災害応援職員の派遣制度向上につながることを期待します。
・職員派遣は、互いの自治体にとって有益であるが、ここ数年、本市においては技術系職員の確保に苦慮しており、特に技術系職員の派遣は厳しい状況である。
・派遣職が、そのまま派遣先の職員となっています。
・平成30年7月豪雨災害で本市も被災した。被災地でなければ別の回答になっていると思われる。
・本市は東日本大震災の被災自治体であり、現在も除染関連や市民の健康管理、食品のモニタリングなどに職員も配置している状況にあります。
・問６⑫⑬に関して、近年、豪雨による激甚災害が発生している。程度にもよるが、豪雨災害であれば応援職員は必要ないが、地震等で壊滅的被害を受けた場合は応援が必要と考える。
・問６について、本町に災害が発生した時のこと、職員派遣は本町のためでもあることは承知しているのですが、①②の回答にあるとおり、職員削減を進めてきた経緯から余裕のない状態であるのが実情です。
・問６については主観的回答となってしまうため、回答は控えさせていただきます。
・問６の⑦⑧はケースによって異なるであろうし、⑫⑬も被害状況によって変わると思う。

東日本大震災による被災自治体への応援職員の派遣に関する調査
【個別(派遣先別)シート】 単純集計票

各問の文末の数字は有効回答数(n)、選択肢の後ろの数字は回答割合(%)を示したものである。

F3 当該被災自治体への**派遣開始年度**を教えてください。**(ひとつに○)** (n=507)

1. 2011 年度 (22.1%) **2.** 2012 年度 (33.3%) **3.** 2013 年度 (17.6%)
4. 2014 年度 (9.7%) **5.** 2015 年度 (5.1%) **6.** 2016 年度 (4.5%)
7. 2017 年度 (5.1%) **8.** 2018 年度 (2.4%) 無回答 (0.2%)

F4 当該被災自治体への**派遣終了年度**を教えてください。**(ひとつに○)** (n=507)

1. 2011 年度 (4.1%) **2.** 2012 年度 (6.7%) **3.** 2013 年度 (8.5%)
4. 2014 年度 (7.7%) **5.** 2015 年度 (7.3%) **6.** 2016 年度 (11.8%)
7. 2017 年度(11.8%) **8.** 2018 年度(11.8%) **9.** 2019 年度派遣継続中(30.2%)

問1 当該被災自治体への**派遣を決めた最初のきっかけ**を教えてください。**(いくつでも○)**

1. 震災前に締結した災害時応援協定(1.2%)(n=507)
2. 震災後に締結した災害時応援協定(4.5%)(n=507)
3. 震災前からの自治体間での交流実績(姉妹都市、産業・観光振興等)(7.9%)(n=507)
4. 震災前の交流はなかったが、震災直後にボランティア派遣や現地調査・視察を行った結果(5.1%)(n=507)
5. 首長どうしの交流(7.5%)(n=507)
6. 関西広域連合による対口支援(1.0%)(n=507)
7. 貴市区町村の存する都道府県からの独自の要請(11.4%)(n=507)
8. 被災県等が主催する被災自治体による訪問式派遣要請活動(1.0%)(n=507)
9. 総務省、全国市長会、全国町村会スキームでのマッチング(55.6%)(n=507)
10. 他の自治体の派遣動向を踏まえた結果(6.7%)(n=507)
11. その他(例:国交省ルート、業界団体ルート等)(18.3%)(n=507)

問2 当該被災自治体への職員の派遣実績についてお尋ねします。2012 年度～2018 年度までに、東日本大震災への復旧・復興のために、貴自治体から当該被災市町村または県に派遣された職員の、**(1)延べ人数及び実人数(常勤、再任用、任期付の合計)、(2)各年度派遣者のうち貴自治体におけるもっとも上位の職層者に○印、(3)貴自治体から派遣した職種の実数(常勤、再任用、任期別)**をご記入ください。**各年度中の4月1日から3月31日までの間の職員派遣についてご回答**ください。

(1)当該被災自治体への派遣職員の**延べ人数**(2012～2018 年度) (n=465)
延べ人数合計 3203 人 (平均値 6.89 人、中央値 5.00 人、最頻値 2 人)
うち実人数(N=455) 合計 2392 人 (平均値 5.26 人、中央値 3.00 人、最頻値 1 人)

1【個別(派遣先別)シート】

(2)各年度派遣者のうち貴自治体における**もっとも上位の職層者(各年度、枠内にひとつだけ○)**

(n=507)

	2012年度	2013年度	2014年度	2015年度	2016年度	2017年度	2018年度
1. 部局長級以上(次長含む)	0.4%	0.0%	0.0%	0.2%	0.2%	0.0%	0.0%
2. 課長級以上	2.2%	1.4%	1.0%	1.4%	1.4%	0.6%	0.8%
3. 課長補佐級	6.1%	5.1%	4.5%	4.3%	3.9%	2.6%	2.6%
4. 係長級	13.0%	15.8%	15.8%	15.4%	13.2%	12.0%	9.7%
5. 係長級未満	27.8%	35.9%	37.1%	36.5%	36.7%	33.5%	27.6%
6. その他	0.4%	0.6%	0.8%	0.4%	0.8%	1.2%	1.0%
無回答	50.1%	41.2%	40.8%	41.8%	43.8%	50.1%	58.4%
	100.0%	100.0%	100.0%	100.0%	100.0%	100.0%	100.0%

(3)貴自治体から派遣した**職種別の実数(①常勤職員、②再任用職員、③任期付職員)**

①常勤職員(上段:延べ人数合計　下段の()内:うち前年度からの継続人数合計)

	2012年度	2013年度	2014年度	2015年度	2016年度	2017年度	2018年度
1. 一般事務(除く用地)	181人 (3人)	214人 (33人)	209人 (45人)	192人 (50人)	199人 (67人)	182人 (64人)	151人 (58人)
2. 一般事務(用地)	32人 (0人)	22人 (4人)	26人 (13人)	25人 (11人)	21人 (8人)	17人 (5人)	14人 (5人)
3. 土木	233人 (13人)	193人 (39人)	171人 (38人)	165人 (36人)	138人 (34人)	113人 (38人)	92人 (33人)
4. 建築	74人 (1人)	60人 (12人)	47人 (14人)	47人 (11人)	47人 (17人)	30人 (10人)	25人 (10人)
5. 電気	5人 (0人)	7人 (0人)	7人 (0人)	6人 (0人)	3人 (2人)	4人 (1人)	3人 (1人)
6. 機械	8人 (1人)	3人 (1人)	2人 (0人)	5人 (2人)	5人 (0人)	5人 (2人)	3人 (1人)
7. 農業土木	2人 (0人)	3人 (0人)	3人 (2人)	0人 (0人)	1人 (0人)	1人 (0人)	1人 (0人)
8. 文化財技師	0人 (0人)	5人 (2人)	5人 (0人)	4人 (1人)	0人 (0人)	0人 (0人)	0人 (0人)
9. 保健師	12人 (0人)	11人 (1人)	2人 (1人)	2人 (0人)	7人 (2人)	5人 (1人)	5人 (3人)
10. 教員	0人 (0人)	0人 (0人)	0人 (0人)	0人 (0人)	0人 (0人)	0人 (0人)	0人 (0人)
11. その他専門職	4人 (1人)	6人 (1人)	6人 (2人)	9人 (2人)	6人 (1人)	2人 (0人)	5人 (1人)

②再任用職員（上段：延べ人数合計　下段の（）内：うち前年度からの継続人数合計）

	2012年度	2013年度	2014年度	2015年度	2016年度	2017年度	2018年度
1．一般事務（除く用地）	1人 （0人）	3人 （0人）	6人 （2人）	7人 （1人）	9人 （4人）	12人 （5人）	11人 （7人）
2．一般事務（用地）	1人 （0人）	3人 （0人）	3人 （2人）	3人 （1人）	2人 （2人）	0人 （0人）	0人 （0人）
3．土木	0人 （0人）	3人 （0人）	7人 （2人）	12人 （8人）	10人 （9人）	11人 （6人）	4人 （4人）
4．建築	1人 （0人）	2人 （0人）	1人 （1人）	2人 （1人）	2人 （2人）	3人 （2人）	4人 （2人）
5．電気	1人 （0人）	2人 （1人）	1人 （1人）	1人 （1人）	0人 （0人）	0人 （0人）	0人 （0人）
6．機械	0人 （0人）	1人 （0人）	0人 （0人）	1人 （0人）	0人 （0人）	0人 （0人）	0人 （0人）
7．農業土木	0人 （0人）	0人 （0人）	0人 （0人）	0人 （0人）	0人 （0人）	0人 （0人）	0人 （0人）
8．文化財技師	0人 （0人）	0人 （0人）	1人 （0人）	0人 （0人）	0人 （0人）	0人 （0人）	0人 （0人）
9．保健師	12人 （0人）	11人 （1人）	2人 （1人）	2人 （0人）	7人 （2人）	5人 （1人）	5人 （3人）
10．教員	0人 （0人）	0人 （0人）	0人 （0人）	0人 （0人）	0人 （0人）	0人 （0人）	0人 （0人）
11．その他専門職	0人 （0人）	0人 （0人）	0人 （0人）	0人 （0人）	0人 （0人）	0人 （0人）	0人 （0人）

③任期付職員(上段:延べ人数合計　下段の()内:うち前年度からの継続人数合計)

	2012年度	2013年度	2014年度	2015年度	2016年度	2017年度	2018年度
1. 一般事務(除く用地)	0人 (0人)	1人 (0人)	1人 (1人)	4人 (1人)	3人 (3人)	2人 (2人)	1人 (0人)
2. 一般事務(用地)	1人 (0人)	7人 (1人)	6人 (5人)	5人 (4人)	6人 (2人)	7人 (6人)	5人 (4人)
3. 土木	5人 (0人)	9人 (1人)	13人 (7人)	12人 (9人)	8人 (8人)	6人 (3人)	6人 (5人)
4. 建築	0人 (0人)	1人 (0人)	1人 (1人)	2人 (1人)	0人 (0人)	0人 (0人)	0人 (0人)
5. 電気	0人 (0人)	0人 (0人)	0人 (0人)	0人 (0人)	0人 (0人)	0人 (0人)	0人 (0人)
6. 機械	0人 (0人)	0人 (0人)	0人 (0人)	0人 (0人)	0人 (0人)	0人 (0人)	0人 (0人)
7. 農業土木	0人 (0人)	0人 (0人)	0人 (0人)	0人 (0人)	0人 (0人)	0人 (0人)	0人 (0人)
8. 文化財技師	0人 (0人)	0人 (0人)	0人 (0人)	0人 (0人)	0人 (0人)	0人 (0人)	0人 (0人)
9. 保健師	0人 (0人)	0人 (0人)	0人 (0人)	0人 (0人)	0人 (0人)	0人 (0人)	0人 (0人)
10. 教員	0人 (0人)	0人 (0人)	0人 (0人)	0人 (0人)	0人 (0人)	0人 (0人)	0人 (0人)
11. その他専門職	0人 (0人)	0人 (0人)	0人 (0人)	0人 (0人)	0人 (0人)	0人 (0人)	0人 (0人)

問3 当該被災自治体への**職員派遣者数の推移**を教えてください。**(ひとつに○) (n=507)**

1. 派遣開始時から現在まで、職員派遣数は増加している(3.0%)　**⇒問3−1へ**

2. 派遣開始時から現在まで、職員派遣数は同数である(21.7%)　**⇒問3−1へ**

3. 派遣開始時から現在まで、職員派遣数は減少している(10.1%)　**⇒問3−2へ**

4. 現在、職員派遣は終了している(64.9%)　**⇒問3−3へ**

無回答(0.4%)

問3－1 問3で「1」「2」と回答された自治体にお尋ねします。
派遣を継続している理由を教えてください。**(いくつでも○)(n=127)**

1. 派遣先の被災自治体から派遣要請を受けたため(93.7%)
2. 復興期間(10年間)の間は派遣する方針をもっているため(11.0%)
3. 職員派遣の費用負担の心配が少ないため(4.7%)
4. 貴自治体や周辺自治体等の災害に備えるため(4.7%)
5. その他(6.3%)(具体的に)

・協定書に基づき、派遣しているため
・県の要請
・県市長会加盟自治体でローテ体制が組まれている
・職員本人の希望による
・東三河８市町村震災復旧支援会議による派遣に関する調整のため
・特別区間での調整結果によるもの
・派遣希望者が多かったため
・被災地の復興支援をするため

問3－2 問3で「3」と回答された自治体にお尋ねします。
派遣数が減少している理由を教えてください。**(いくつでも○)(n=53)**

1. 派遣先の被災自治体から派遣減員の要請を受けたため(28.3%)
2. 派遣候補者を確保できなかったため(0.0%)
3. 職員派遣の費用負担の心配があるため(0.0%)
4. 災害対応に関する一定のノウハウは蓄積できたため(0.0%)
5. 貴自治体や周辺自治体等が被災したため（7.5%）
6. その他(34.0%)(具体的に)

・依頼がない（２）
・災害復興状況、本市での業務等を総合的に勘案（２）
・職員１人における派遣期間が３ヶ月だったものが、職員１人につき１年間としたため
・職員課による現地視察や派遣職員からの聞き取りにより、派遣数を減らしても問題ないと判断したため
・職員数の減少に伴い、派遣する人的余裕がなくなっているため
・他被災自治体への派遣希望が多い
・当市派遣職員の担当する復興事業について概ね完了見込のため
・特別区間での調整結果によるもの
・派遣職員が従事する業務の減
・派遣先での業務が終了したため（２）
・派遣先の復興状況等を勘案したもの
・派遣先自治体の人員計画を踏まえた協議の結果として
・派遣要請期間が満了したため
・被災他市町村にも派遣したため
・復興が一定程度進んだため

5【個別（派遣先別）シート】

問3－3 問3で「4」と回答された自治体にお尋ねします。

派遣終了の理由を教えてください。**(いくつでも○)(n=331)**

1. 派遣先の被災自治体から派遣停止の要請を受けたため(17.8%)
2. 派遣候補者を確保できなかったため(42.9%)
3. 職員派遣の費用負担の心配があるため(0.0%)
4. 災害対応に関する一定のノウハウは蓄積できたため(2.4%)
5. 貴自治体や周辺自治体等が被災したため（6.9%）
6. その他(33.5%)(具体的に)

・国民体育大会の準備等に人員が必要となったため
・H24 年度から H28 年度までの５年間で延べ８人の職員の派遣を行っており、被災市の業務復興に対して一定の支援を果たしたものと考えるため
・ある程度復興が進んだため
・一旦区切りをつけることを市町で合意（２）
・一定程度の復興が果たせた（本市担当地区の事業完了）
・協会からの要請終了
・協議の結果（５）
・協定における派遣期間が満了したため
・協定書に定める派遣期間が満了したため
・県内の派遣をしていない市を中心に、改めて派遣する市を決めていくことになったため
・互いに５年を目途ということで終了になった
・市長会のスキームにより（３）
・市長会リレー方式（３）
・市長会ルートによる、派遣予定期間の終了によるもの
・市長会ルート派遣の調整により派遣先が変わったため
・次年度以降総務省ルートによるマッチングが変わったことによる
・消防救助活動が終了した為
・新地町に３名派遣中だったため、できれば単一自治体に集中して派遣することで交代職員の事務引継を迅速に行うことを考えたため
・人員が不足しているため
・人員に余裕がないため
・人員不足
・想定していた業務内容と異なるため
・他の自治体に派遣することになったため
・他の自治体と比較して、復興が感じとれたため、他の被災自治体に派遣をシフトした（２）
・他の被災自治体へ派遣することとしたため（２）
・他市への派遣に切替えたため
・他自治体への派遣に変更した（４）
・他被災地への派遣となったため
・台風や大雨で被災し、災害復旧対応に係る業務量が膨大となり、人員確保が困難となったため
・担当業務がマッチングしなかったため（５）
・町村会との連携
・定員適正化計画に基づき職員数削減に取り組んでおり派遣職員の確保が難しい
・東三河からの派遣数が減少したため当市から職員派遣する必要がなくなったため

・東北の他の市に派遣することとしたため
・東北の他の町に派遣することとしたため（2）
・当初から1年間の派遣としていたため
・当初の要請期間を満了したため
・当初計画していた派遣期間を満了したため
・当初予定していた派遣期間を満了したため（2）
・当初より2年間の派遣期間が経過したため
・特別区間での調整結果によるもの
・特別区長会における調整の結果
・任期満了（3）
・派遣した職員の1名が相手先で採用（割愛）されたため
・派遣開始時にこちらが想定していた年限が到来したため
・派遣期間（1年）満了
・派遣期間を満了したため
・派遣協定期間の満了（3）
・派遣職員の取扱いに関する協定書により締結した期間満了となったため
・派遣職員の担当業務に一定の目途が立ったため（3）
・派遣先での業務が終了したため（3）
・派遣先と調整し、復興の進捗等をふまえて終了した
・派遣先の被災自治体の業務が一定落ち着いたと判断したため
・派遣先自治体との協議の結果として
・派遣要請期間が満了したため
・被災から一定期間が経過したため。自町の職員数が減少してきたため
・被災自治体との協議により
・被災自治体との協定による派遣期間満了
・被災自治体の職員体制が整いつつあり、本市からの派遣については一定の役割を果たしたと考えられたため
・被災自治体の復旧、復興計画が完了しつつあると考えられたため
・被災自治体職員に採用された
・復興が一定程度進んだため
・復興の目処が立ったため
・復興支援について、一定の役割を終えたため（3）
・復興事業に一定の目途がついたこと、本市の職員数に不足が生じていることを踏まえ、終了することとした
物資搬送、被害状況調査
・物資搬送、被害状況調査の為（2）
・文化庁との調整による（当初より1年の派遣計画）
・本市から派遣を要する期間を満了したと判断したため
・本市派遣職員の担当する復興事業について30年度末で概ね完了するため
・本市派遣職員の担当する復興事業について概ね完了見込みだったため
・本町の職員数も必要人数を確保できていない状況であり、被災自治体への派遣については短期間のものに限らせていただいております
・役場機能が本庁舎に戻り、一定の復興に寄与できたと判断したため
・要請を受けた期間を満了したため
・要請期間が終了したため（2）

・翌年度から岩手県釜石市へ派遣することとなったため

問4 当該被災自治体への**派遣最終年度（継続中の場合は 2018 年度）における職員の派遣の方式**を教えてください。**(いくつでも○)(n=507)**

⇒「6」を選択しなかった自治体は問5へ進む

1. 災害時応援協定(6.3%)
2. 姉妹都市提携(2.6%)
3. その他の直接派遣(24.9%)
4. 関西広域連合による対口支援(0.2%)
5. 県ルート(貴市区町村の存する都道府県からの独自の要請)(8.9%)
6. 総務省、全国市長会、全国町村会ルート(55.6%) **⇒問4－1、問4－2、問4－3へ進む**
7. その他 (例:国交省ルート等)(5.5%)(具体的に)

・環境省からの要請
・九州知事会ルート（２）
・文化庁ルート（６）
・国土交通省ルート（５）
・消防庁
・前年度から継続
・全原協ルート（２）
・東三河８市町村震災復旧支援会議
・東三河災害支援隊
・独自ルート
・日本水道協会（３）
・派遣先団体と直接やりとり
・福祉自治体ユニット
・友好都市（２）

問4－1 【問4で「6. 総務省、全国市長会、全国町村会ルート」を選択なさった自治体】にお尋ねします。**派遣の進め方**として当てはまるものはどれですか。**(ひとつに○)(n=282)**

1. 総務省、全国市長会・全国町村会からの照会を受けてから、当該被災自治体とは直接協議せず、貴自治体内で派遣職員を選定。(20.2%)
2. 総務省、全国市長会・全国町村会からの照会を受けてから、当該被災自治体と協議を行い、必要人数や職種を把握のうえ、貴自治体内で派遣職員を選定。(32.3%)
3. 総務省、全国市長会・全国町村会からの照会以前に、当該被災自治体と協議を行い、必要人数や職種を把握のうえ、貴自治体内で派遣職員を選定。(19.1%)
4. 総務省、全国市長会・全国町村会からの照会を受けてから、貴市区町村の存する都道府県から必要人数や職種の要請を介して、貴自治体内で派遣職員を選定。(23.4%)
5. その他(2.5%)(具体的に)

無回答(2.5%)

【5. その他（具体的に）】
・市長会リレー方式（３）
・初年度は「１」、２年目以降は「３」
・照会を受けてから、本人が希望したため、県町村会と協議した。その後は派遣先と協議
・毎年度、派遣先自治体より復興の状況及び見込を伺い、また総務省からの派遣依頼も踏まえ、派遣内容を決定している

問４−２【問４で「６」を選択なさった自治体】当該被災自治体への**職員派遣の手続きは進めやすかった**ですか。**（ひとつに○）（n=282）**

1. たいへん進めやすかった（3.9%）　**2.** 概ね進めやすかった（81.2%）
3. あまり進めやすくはなかった（5.7%）　**4.** 進めやすくはなかった（0.4%）　無回答（8.9%）

問４−３【問４で「６」を選択なさった自治体】問４−２の**派遣手続きの進めやすさの程度について、その理由を具体的に**教えてください。

【問４−２「1. たいへん進めやすかった」の理由】
・簡易な書類を作成するだけで手続きがスムースである
・長期間派遣が継続しており、スキームが確立している
・特別区長会を通して総合調整が進められたため（3）
・派遣先、職務内容、必要人員があらかじめ決定していたため
・派遣先自治体職員と友好関係にあるため
・頻繁に連絡をとってもらい、協定書など被災自治体がすべて準備をしてくれたので進めやすかった
・本町の希望する自治体及び職務でマッチングできた

【問４−２「2. 概ね進めやすかった」の理由】
・過去に他自治体への派遣を行っていたため。計画に基づいた派遣を行うのみであったため
・協定書案の作成や宿舎の確保等については、派遣先が用意するなど、手続きを円滑に進める仕組が構築されていたため（3）
・手続事項が明確だった。必要な情報が不足なく得られた
・派遣の選択肢があること。業務内容が明記されていたこと（2）
・派遣者選定のための希望者募集に複数の応募があり選定が進めやすかった
・2013 年度から同ルートでの手続きを継続していたため
・一度派遣した自治体へ継続的に派遣できたため
・過去に他団地への派遣実績があり、派遣手続きのノウハウがあったため（4）
・基本的に県を通じて手続きを進めることができたため（2）
・期間や業務内容（職種）が選択可能であったため
・協定書など被災自治体がすべて準備をしてくれたので進めやすかった
・具体的な職務内容が事前に提供されるため、手続が進めやすい（4）
・継続して派遣しているため（2）
・継続派遣となってからは派遣先からの継続の打診に本市が応じる形で手続きを進めており、手続上の支障は特にない状態である（2）
・県がとりまとめを行うことで、必要な情報収集等をある程度県で行ってもらえるため
・県が主体的に対応してくれたから
・県において、手続きや基準が一本化されるため、必要以上の個別の情報収集等をしなくてよい

9【個別（派遣先別）シート】

・県町村会が間に入ってくれていたので、進めにくいということはなかったと思われます
・現在は、被災自治体と直接協議しているため、概ねスケジュール管理することが可能なため
・市長会の取りまとめが被災市町とのマッチングに効果的だった
・市長会ルートで多数の派遣実績があったため(2)
・市長会を通じての要望であったため
・事務の進め方について指導を受けることができるため
・事務手続手順がしっかり定められていたため
・手続きに関して共通認識があったため(5)
・手続上のトラブルが特になかった(4)
・受入体制がしっかりしていた
・照会以前から当該自治体と協議を行うことで、早めに手続きを進めることができたため
・職員派遣が複数年継続していることから、直接状況を確認しながら手続きを進めることができたため(2)
・職員派遣に係る協定等の様式については、これまでのものがあるため、比較的手続は進めやすい。ただし、派遣者の決定に時間がかかる場合があるため、協定締結から派遣までの準備について余裕のあるスケジュールで取り組めないときがある(2)
・職種で限定されることがなかったため
・進めやすくはなかったということはないが、初めてのケースだったので「2」を選択
・制度化されている
・全国共通のスキームに沿って情報共有、支援調整ができたため
・全国市長会からの紹介により職員の派遣を行っていたが、派遣先自治体の人事担当部局と密に連絡を取り、派遣協定書を締結していた。同一の自治体に複数年連続して職員を派遣していたこともあり、手続きは概ね進めやすかった
・全国市長会で派遣希望被災地等をとりまとめていただいたため、手続きが進めやすかった
・全国市長会の照会以前に、被災自治体と協議を行い、派遣職員を決定しているから
・全国市長会より適切な情報提供があった
・全国町村会と被災自治体と当町との連携がスムーズであったため
・全国町村会の「派遣職員の取扱いに関する協定書」の案当を参考にすることができたため
・担当町の担当者と直接やりとりすることができ、不都合は感じなかった
・窓口が一本化されており、前年度から引き継ぎの手続きだったため(5)
・他の被災自治体への派遣と並行して実施したため(3)
・多くの自治体からの支援を受けられていることで、ノウハウもありスムーズに手続きを進められたため
・地方自治法第 252 条の 17 の規定により、派遣する職員は過去に実績があり、事務処理手順に従い派遣手続きを行うことができるため
・町村会からの要請を受け、以前の派遣団体を引き継ぐ形式で行ったため
・調整窓口が一本化されているため
・直接やりとりするのではなく、市長会が間に入り、紹介等を取りまとめしていただいたほうが人選等スムーズであった(2)
・直接手続きをすることにより、余計な手間がなくなった(3)
・直接被災自治体と協議を行いながら事務を進めることができたため(2)
・都や特別区にて取りまとめを行っており、概ね地区の状況もわかり進めやすかった
・特に大きな支障もなく手続きを進められているから
・特に不都合はなかった(2)
・特に問題があったとは聞いていない
・特に問題は生じなかったため(2)
・特別区人事・厚生事務組合人事企画部が、東京都からの要請や特別区長会の意向を踏まえ、23 区と調整して

いたため
・派遣スキーム等について明示されていたため(2)
・派遣に係る、手続き、段取りは派遣先(被災地)で概ね進めてくれたため
・派遣のスキームが確立されているため
・派遣を希望する自治体の必要人数が一目で確認できた
・派遣を数年続けたため、組織内の合意形成が容易であった
・派遣開始初年度は、市長会ルートで、派遣先を特定せずに業務内容を選定して派遣の申出をしたのに対し、派遣先から要請の返答があり、スムーズに派遣先が決定したため
・派遣者の希望が概ねとおったため
・派遣手続きについて、マニュアル等が整備されているため(2)
・派遣先との手続きがルーチン化されているため(3)
・派遣先との直接的なやりとりがないことから、要望が伝えやすい
・派遣先との連絡もスムーズにとれた(3)
・派遣先の市町村によって、職員の身分・給与の取扱い、派遣先の住環境が異なるため、初回の派遣手続きの調整が必要となる。決定からの調整になるので、短期間のスケジュールとなり、派遣職員への説明、予算措置が煩雑となる(3)
・派遣先の対応が丁寧だったため
・派遣先の担当者が事務手続きに精通しているため
・派遣先自治体から派遣手続きに関するスケジュールが示されていたため
・派遣先自治体の意向を確認しやすかったため(2)
・派遣先自治体の人事担当へ質問したところ、適切で丁寧な回答が得られたため
・派遣要請一覧により要請のある職種・業務内容が把握できたため(2)
・派遣要望市町村・職務内容についての情報提供がされ、派遣対象職員の意向も聴取するなかで、派遣市町村の決定がされた。派遣スキームや協定書ひな型の提示もされていた
・被災自治体と直接手続きを進めているため
・被災自治体において派遣手続きがパターン化されており、被災自治体の指導の下、スムーズに進めることができた
・被災自治体の詳細な要望までは確認せずに、ある程度の要望を全国市長会で取りまとめてくれるため
・被災自治体への派遣自体、多く経験しているものではないが町村会や被災自治体の指導・協力により、概ね進めやすかった
・被災自治体様から、手続きの流れについて、文書等で示して頂けたので概ね進めやすかった
・被災地全体の派遣要請の規模が把握しやすかった(2)
・福祉自治体ユニットでの首長の交流から、派遣先自治体が必要としている職員情報等を入手しやすく、迅速な派遣を行うことができた。次年度、全国市長会からの紹介等に基づき、必要な職種と貴市の職員体制を考慮した派遣も実施できた
・本市でも一定程度の手続き方法が分かっており、派遣先自治体もノウハウがあるためスムーズに進められたため
・未経験のためサポートしてもらった(2)
・要請職種を事前に把握できるため

【問4－2「3．あまり進めやすくなかった」の理由】
・手続きが煩雑であるため
・派遣先での勤務条件が明確ではなかったため。全国(九州)市長会を介するため、情報に遅れが生じたため
・県の仲介の段階で手間取り、派遣決定時期が大幅に遅くなった(7)
・担当者からあまり連絡が来ず、手続きもとどこおりがちであった
・庁内で派遣を希望する職員の実務経験と派遣先が求める職種や配属先が合わないことがある

11【個別（派遣先別）シート】

・当時は、派遣の進め方が整備されていなかったため、対応が円滑に進まなかった
・派遣を通じてある程度関係性ができている中で、他の自治体への派遣の打診・調整がなされていたため
・本町では3か月ごとに1人（1年間で4人）を派遣するのが当時精一杯の支援だったところ、その派遣期間における派遣元の所属の公務及び派遣の引き継ぎは、負担だったため

【問4－2「4. 進めやすくなかった」の理由】
・今までに経験がなかったため

【すべての自治体にお尋ねします。】

問5 派遣最終年度（継続中の場合は 2018 年度）における当該被災自治体に**派遣する職員の選定方法**を教えてください。**（いくつでも○）（n=507）**

1. 庁内公募方式で職員本人の発意に基づいて派遣候補者を選定（41.8％）
2. 人事担当部門（職員課等）が異動希望調書の記述に基づいて選定（24.1％）
3. 人事担当部門（職員課等）が、職員本人の職場経験等をもとに、派遣候補者を選定（44.8％）
4. 派遣された職員の派遣前の所属部門からの推薦により、派遣候補者を選定（12.8％）
5. 危機管理担当部門に配属されている職員を派遣（0.0％）
6. その他（5.3％）（具体的に）

・2017 年度派遣職員の継続
・一定層の中から選択
・既派遣者の継続派遣
・技術系は技術系部署において適任者を選定。事務系は任期付職員を任用し派遣している（2）
・技術系部署において適任者を選定している（2）
・現在派遣中の職員が継続派遣の職員のため、事前に意向確認を行っている
・再任用職員、職員 OB への周知
・消防職員
・前年度からの派遣職員を継続して派遣している
・前年度から継続
・前年度から継続（人事担当部門、所属部門で本人の意向を確認）
・前年度から派遣されている職員が引き続き派遣のため、選定はなかった
・当該派遣経験者
・当初から２年継続派遣
・任期付職員の公募
・派遣を考えている被災自治体の派遣要望状況を考慮し選定
・派遣を前提とした任期付職員を採用した
・派遣を前提として採用した任期付職員の任期を更新
・派遣自治体からの継続要望
・派遣先自治体との協議により
・派遣先自治体からの要望もあり、前年度派遣職員の継続となった
・本人の希望により
・本人の発意による（前年度と同一人のため）（3）

問6 派遣最終年度（継続中の場合は2018年度）における貴自治体からの応援職員は、**派遣先の当該被災自治体でどのような部署・業務に配属**されましたか。**一般事務系職員と技術系職員**それぞれについて教えてください。**（いくつでも○）（n=507）**

【一般事務系職員】

1. 派遣前、貴自治体で直近の経験のある配属部署・担当業務とほぼ同一の部署・業務を担当（18.1%）

2. 派遣前、貴自治体で直近の経験のある配属部署・担当業務と一部が同一の部署・業務を担当（18.7%）

3. 派遣前、貴自治体で直近の経験のある配属部署・担当業務とは、異なる部署・業務を担当（32.1%）

【技術系職員】

1. 派遣前、貴自治体で直近の経験のある配属部署・担当業務とほぼ同一の部署・業務を担当（24.3%）

2. 派遣前、貴自治体で直近の経験のある配属部署・担当業務と一部が同一の部署・業務を担当（20.7%）

3. 派遣前、貴自治体で直近の経験のある配属部署・担当業務とは、異なる部署・業務を担当（4.9%）

問7 派遣最終年度（継続中の場合は2018年度）における**当該被災自治体への職員派遣時の配属部署・担当業務に関する貴自治体の方針**について教えてください。**（ひとつに○）（n=507）**

1. 災害対応に関係する業務に配属してほしい旨を派遣先に要請する（6.1%）

2. 貴自治体から派遣した際に決まっていた派遣先での職種以外での担当業務は認めていない（15.8%）

3. 被災自治体での配置・担当業務について要請はしない（60.6%）

4. その他（15.2%）（具体的に）

無回答（2.4%）

「4. その他（具体的に）」

・2017年度と同一業務とするよう要請した
・これまで派遣した職員が担当した業務を毎年引き継いでいる
・基本的には「2」のとおりだが、状況に応じて判断（4）
・基本的には前年度の業務を引き続き担うように要請している
　技術職（土木）の派遣要請により派遣
・協定書に従業予定業務を定めたが、この業務以外を認めないというものではない
・事前に依頼にあった分野（土木等）で派遣しているため当該分野での業務従事を前提としている（2）
・消防のため、当該業務のみ
・前任者と同じ配属先を派遣先に要請する（3）
・前派遣職員と同一業務（部署）になるように双方で協議済だった
・相手自治体との協議時に確認（7）
・被災自治体から要請のあった部署を前提とした

13【個別（派遣先別）シート】

・適切な配置につながるよう、派遣予定者の業務経験をあらかじめ伝える（2）
・派遣協定に基づいて対応する
・派遣協定に基づき対応する
・派遣職員が希望する担当業務等を伝えている
・派遣職員が経験したことのある業務への配属を派遣先に要請している
・派遣職員の希望を考慮するよう依頼する
・派遣職員の希望を伝達
・派遣職員の当市での担当業務と同じ業務を希望した
・派遣先からの担当業務の要請に基づき調整（2）
・派遣先からの要請に応じる
・派遣先との協議の上決定する
・派遣先の希望に基づいた職種の職員を採用した（2）
・派遣先を決定する際、担当業務のマッチングを行っている（7）
・派遣先自治体と連絡を取り決定した
・派遣先自治体へ当市の希望を伝え協議の上決定
・派遣先団体の要請及び本人の希望を考慮している（3）
・派遣要請時に職種は確認している
・派遣要望調査時点で職種と職務内容が示されているためそちらを考慮した職員を派遣している（3）
・被災自治体からの要請にあう職員を派遣
・被災自治体から要請のあった部署
・被災自治体から要請のあった職種・業務に対し職員を派遣（4）
・被災自治体での希望職種の中から選択し希望を出している
・被災自治体の復興推進課に、2名（1人2年半あわせて5年）派遣したので、派遣先は5年間決まっていた
・被災自治体の要望に応じた職員を派遣している（3）
・復興支援として派遣しているため、復興業務への従事を要請する（4）
・物資搬送、被害状況調査
・物資搬送。被害状況調査の為（2）
・方針は特になし、派遣先からの要請業種にそって派遣（2）
・本人の希望を尊重する
・埋蔵文化財発掘調査用務の要請を受けていた
・要請のあった職に対して、市としての要望は出している
・要請される業務について、対応可能な職員を派遣する

問8 派遣最終年度(継続中の場合は 2018 年度)における**当該被災自治体への職員派遣時の当該職員の業務内容、生活状況への対応**を教えてください。**(いくつでも○)(n=507)**

1. 定期的に貴自治体に戻ることを求め、当該期間での業務内容、生活状況の報告(56.8%)
2. 定期的に貴自治体に戻ることは求めないものの、定期的に当該期間での業務内容、生活状況の報告を求めている(34.5%)
3. 首長、幹部職員(副首長、部長級等)が、派遣期間中に当該自治体を訪問し、業務内容、生活状況の報告を受けている(16.6%)
4. 全庁的な人事担当部門(職員課等)が、派遣期間中に当該自治体を訪問し、業務内容、生活状況の報告を受けている(16.0%)
5. 派遣された職員の派遣前の職場職員が、派遣期間中に当該自治体を訪問し、業務内容、生活状況の報告を受けている(1.8%)
6. その他(4.7%)(具体的に)

・H23 年度の短期派遣のため（６）
・遠隔地であったため、帰町の時期は職員本人に任せていたが、帰町の際は首長、幹部職員へ業務等の報告を求めていた
・帰省旅費は派遣先自治体の負担とした。本市としては、業務状況の報告等を対面によらずとも求めた
・人事担当部門では、不定期であるが電話やメールにて状況確認を行っている
・人事部局から定期的に連絡をし、状況を把握する（２）
・定期的ではないが、自治体に戻ることを、１度求めた
・定期的に自治体に戻ることは求めていない。派遣者が戻るタイミングで報告を受けた
・派遣期間中に一度、帰庁報告させている。また、毎月当該自治体から勤務状況の報告を受けている
・派遣先が、年４回派遣元に報告に戻る機会を設けている
・派遣先の人事課において当該職員に定期的に年４回、出張命令により業務内容、生活状況を報告させている
・派遣先又は派遣先職員から報告を受けている（２）
・被災自治体から定期的（月１回）に健康状態の報告を得ていた
・被災自治体より業務・勤務状況等について、報告を受けた
・必要に応じて、報告・連絡を受けていた
・本人と電話やメールのやりとりで把握

15【個別（派遣先別）シート】

問9 当該被災自治体への職員派遣にあたって**人事担当部門（職員課等）がご苦労されてきた事柄**をお尋ねします。**（いくつでも○）（n=507）**

1．派遣先における職員宿舎の確保（9.1％）
2．派遣先における職員宿舎から職場への交通手段の確保（7.7％）
3．職員派遣のための財源の手当て（5.3％）
4．職員派遣のための人員不足（77.1％）
5．職員の心身の健康確保（40.8％）
6．派遣先における職場習慣や方言への対応（4.9％）
7．その他（9.1％）（具体的に）

・このアンケートへの回答
・家財道具の借り上げ
・具体的に派遣する職員の人選（２）
・宿舎は決まっていたが、初めて派遣する際は、持参するものや、交通費の負担など他市の状況を確認したり手探りであった
・諸手続
・職員宿舎の引き継ぎのやりとり
・特にありません。石巻市が丁寧に対応してくださいました
・派遣する職員の選定方法
・派遣に伴う派遣元側の業務体制の確保（２）
・派遣のために任期付採用の公募を行った
・派遣者の決定から派遣開始までの調整等（２）
・派遣者の人選（10）
・派遣職員の確保
・派遣職員の選定
・派遣職員は単身赴任になることから、人選について苦慮した
・赴任時の引越し手配等、帰任時も同様 ※アパート単身世帯職員が派遣された場合、本格的な引越しとなってしまう
・複数の団体から要請があった場合の応援先・職員数の調整（４）
・文化庁や女川町との調整（業務内容、協定内容等）

問 10 派遣を終え当該被災自治体から帰任した職員についてお尋ねします。**帰任後の人事配置と業務**について教えてください。**(いくつでも○)(n=507)**

1. 帰任後、派遣前の職場に配置している(36.3%)
2. 帰任後、危機管理系に関連する部署に配置している(6.9%)
3. 帰任後、派遣先で配置された職場・担当業務に関連する部署に配置している(21.3%)
4. 帰任後、派遣経験を考慮した人事異動配置は行っていない(46.0%)
5. まだ帰任していない(2.4%)
6. その他(例:退職した、他の被災自治体に派遣した等)(12.6%)(具体的に)

・2016年度をもって退職した
・できる限り経験を生かせる部署に配属できるよう配慮している
・各種状況をふまえ個別に判断（2）
・基本的に「3」だが関連度の低い部署に配属することもある（3）
・帰任した職員の適性や町職員全体のバランスを考慮して配置
・再任用期間満了（2）
・人事配慮上の事情、本人希望、派遣経験等を総合的に考慮して決定
・退職し、派遣先自治体で採用された
・退職した（10）
・定年退職
・任期付職員は派遣終了をもって任期終了（5）
・派遣した職員ごとに異なる
・派遣の経験も含めた過去の経験、本人の資質、能力等を総合的に勘案して配置した
・派遣の経験をふまえた本人の希望を重視して配置を行っている
・派遣経験とそれまでの経験を総合的に考慮した人事異動配置を行っている
・派遣者の希望を聴取し、配置している
・派遣職員の希望を考慮（3）
・派遣先での業務も考慮しつつ、総合的に勘案して配置している（2）
・派遣先での経験も考慮しつつ、本人の意向なども踏まえた配置を行っている（2）
・派遣先での事務も考慮しつつ、総合的に勘案して配置している
・派遣前の職場ではないが技術職（土木）の担当課へ配置した
・文化庁への派遣（1年）
・本人の意向を考慮して配置している（4）
・本人の希望は最優先としている
・本人の希望を踏まえて配置している
・本人の希望を優先（4）
・本人の希望等ヒアリングで決める
・本人の意向、派遣先での業務など、総合勘案して、帰任後の配置、業務を検討している（7）
・さまざまな要素で判断（3）

17【個別（派遣先別）シート】

災害連携のための
自治体「応援職員」派遣ハンドブック
東日本大震災のデータと事例から

2021 年 4 月 25 日　第 1 版第 1 刷発行

編著者　西出順郎
発行人　武内英晴
発行所　公人の友社
〒 112-0002　東京都文京区小石川 5-26-8
TEL 03-3811-5701　FAX 03-3811-5795
e-mail: info@koujinnotomo.com
http://koujinnotomo.com/
印刷所　倉敷印刷株式会社

ISBN978-4-87555-861-3　C3030